LE

LIVRE PHILODÉONIQUE

PAR

M. PAUL BUESSARD.

I. — L'ÉTAT LIBRE ET CONCILIATEUR; Seule organisation sociale anti-communiste et dans l'intérêt de l'honnête homme. **II. — LES DOUZE FÊTES PHILODÉONIQUES**; Organisation et Musique. **III. — LE CODE RAISONNÉ DES DEVOIRS. IV. — L'ENSEIGNEMENT BUESSARD**; Mnémotechnie naturelle. **V. — CLAUDE KERBAHUR**: Poëme de la Propagande en vers.

PREMIÈRE LIVRAISON.

AU DÉPOT CENTRAL, PASSAGE CHOISEUL, 39.

1849.

LE
LIVRE PHILODÉONIQUE

PAR

M. PAUL BUESSARD.

Le droit vient du devoir, et ce n'est que
par l'accomplissement du devoir qu'on peut
prétendre au droit.

I. L'ÉTAT LIBRE ET CONCILIATEUR. — II. LES DOUZE FÊTES PHILODÉONIQUES; Organisation et Musique. — III. CLAUDE KERBAHUR; Poëme de la Propagande en vers. — IV. LE CODE RAISONNÉ DES DEVOIRS. — V. L'ENSEIGNEMENT BUESSARD; Mnémotechnie naturelle. — VI. LA COMMUNICATION FRATERNELLE.

DEUXIÈME LIVRAISON.

AU DÉPOT CENTRAL, PASSAGE CHOISEUL, 39.

PARIS.

(Cette édition en livraisons a pour but de faciliter à tous l'acquisition de ce grand ouvrage ; mais *l'Enseignement Buessard* et le *Livre du Devoir* sont publiés en volumes depuis 1837).

LIVRE PHILODÉONIQUE.

PRÉAMBULE.

La cause de vos misères, de vos discordes et de votre anarchie, c'est votre ignorance sociale, c'est que personne ne sait ni où il est ni où il va. La marche incertaine et anarchique des peuples tient à l'absence, même dans la sphère gouvernementale, de toute étude d'ensemble des différents rouages qui composent le mécanisme social, à ce qu'aucun homme d'Etat n'a de principes étudiés. Il ne suffit pas d'envisager une seule question, comme cela se fait ordinairement : il faut une vue d'ensemble. Si la confiance ne renaît point, c'est que pas un seul représentant n'a pu indiquer un remède à la situation, c'est qu'on ne voit pas un homme capable de gouverner avec des principes ; et le malheur est que, malgré cela, chacun a la présomption de se croire fait pour les hautes fonctions : mais, manquant de principes profondément étudiés et arrêtés, ces prétendus hommes d'Etat sous la monarchie et sous la République n'ont guères commis que des fautes, et ont mené la France où vous la voyez : ils font des constitutions sans en connaître les éléments, des constitutions bâtardes et boiteuses, où ils mettent côte à côte des principes contradictoires qui sont toujours en lutte ; ils s'imaginent pouvoir diminuer un budget sans avoir de principes en finances, et ils ont réduit l'art de gouverner à savoir vivre au jour le jour, à n'aborder franchement aucune question, à tout ajourner ; et, quand on leur tire des coups de fusils chargés avec des idées, ils répondent par des coups de fusils sans idées.

Dans le monde, chacun fait du socialisme ou en parle sans y rien comprendre ; tout ce qu'on écrit et tout ce qu'on débite n'est que de la logomachie. L'étude sociale est si complexe et si difficile, qu'elle n'est à la portée que d'un petit nombre d'esprits, attendu qu'elle doit trouver chez ceux qui s'y livrent trois conditions : l'instinct de cette étude, les connaissances historiques qui y conduisent, et surtout l'habitude de vivre dans toutes les sphères où s'agitent des idées. Depuis douze ans je passe ma vie dans tous les centres d'idées ; et ce n'est que d'aujourd'hui que je vois clair dans le chaos social : je comprends donc parfaitement par moi-même que bien peu de gens aient l'intelligence de la situation.

La plupart des socialistes s'imaginent qu'en posant une idée isolée ils vont produire un grand bien ; ils ne comprennent pas qu'une idée isolée n'est rien, qu'il faut avant tout une constitution sociale et politique dont tous les rouages s'harmonisent, partent d'un même principe et aboutissent à un même but. Le socialisme, tel qu'il est formulé aujourd'hui, ce serait le chaos, le bouleversement de tous les intérêts et de toutes les existences, et, comme gouvernement, la démagogie. Je montrerai au socialisme où et comment il se fourvoie, mais sans jamais l'injurier : injurier, ce n'est pas répondre ; c'est donner à penser qu'on a peur et qu'on est impuissant.

Quant au peuple, l'ignorance à laquelle paraissent le condamner ses habitudes d'existence et le travail manuel lui-même ne lui permet pas d'avoir des principes ; seulement il a le tort, lui aussi, de croire en avoir, et de se passionner jusqu'à la violence et à l'émeute pour des idées qu'il n'a pas étudiées et qu'il ne comprend pas.

Lisez donc tous cet ouvrage, qui ne repose ni sur des faits imaginaires ni sur des utopies ; c'est le résumé de ce que j'ai vu, entendu, pratiqué et conclu pendant douze années passées au sein de toutes les sphères d'idées. Sous l'influence de cette étude, vous saurez du moins où vous allez, en ayant telle ou telle idée ; votre esprit et votre cœur changeront bien certainement et se modifieront dans l'intérêt de l'ordre, de la liberté et de la conciliation.

Après avoir étudié chaque rouage du mécanisme social, vous comprendrez pourquoi aucune constitution n'a marché, pourquoi elles ne peuvent marcher telles qu'on les fait, et vous conclurez avec nous qu'il n'y a pour la société moderne qu'une planche de salut : l'*état libre et conciliateur*, constitution fort simple en douze articles seulement, et possibilité actuelle dont chaque moyen d'exécution est indiqué.

Les douze Fêtes philodéoniques. Accordez-nous aussi votre concours d'intelligence, de publicité, d'influence ou d'argent, pour établir nos douze fêtes philodéoniques. Leur but est de créer un milieu social favorable à l'honnête homme, de lui procurer une existence honorable, de porter au devoir et au travail par la parole, par le chant, par les écrits, et en encourageant tout ce qui est bien et tout ce qui est beau. Aidez-nous à fonder la grande philodéonie ; quant aux petites, elles peuvent s'établir sans frais partout où il y a un salon. Aidez-nous à propager dans chaque profession l'organisation philodéonique, qui, sans charge pour l'Etat, sans rien bouleverser de ce qui est, sans déranger aucune existence, sans même enchaîner l'indépendance dans une association, crée à l'honnête homme des points d'appui, des ressources de travail et des encouragements.

Les bienfaiteurs de l'œuvre ne sont tenus qu'à un versement de cent francs, et qui donne droit au grand ouvrage, à la musique et à cinq entrées par fête. Riches, ne prêtez plus aux récriminations en fermant vos bourses ; faites-vous pardonner votre superflu en le répandant sur ce qui souffre autour de vous ; aidez surtout les cœurs dévoués qui s'offrent pour être des intermédiaires de réconciliation entre ceux qui ont et ceux qui n'ont pas.

Vous tous, éclairez-vous au flambeau de notre expérience ; que chaque cœur honnête nous accorde sa souscription de 50 centimes, et nous arriverons. Les souscripteurs sont priés de remettre à M. Paul Buessard leurs noms et leurs adresses, afin que nous puissions leur offrir pour eux-mêmes ou pour ceux à qui ils s'intéressent une part dans le bien que nous aimerons à faire.

Puissions-nous surtout être compris avant que de douloureuses et incessantes catastrophes viennent encore nous donner raison ! Hâtez-vous : il n'est pas permis d'ajourner quand on a au-dessus de sa tête une épée de Damoclès dont le fil se brise Groupez vos amis, faites de la propagande, portez la lumière partout où vous êtes et par tous les moyens en votre pouvoir, ou vous serez entraînés avec la France dans un prochain cataclysme.

I. — L'ÉTAT LIBRE

ET

CONCILIATEUR.

SEULE ORGANISATION SOCIALE ANTI-COMMUNISTE ET DANS L'INTÉRÊT
DE L'HONNÊTE HOMME.

SITUATION RELIGIEUSE.

ÉTAT GÉNÉRAL DES ESPRITS.

Pour entrevoir et comprendre la solution à poser, il faut auparavant
parfaitement se rendre compte de la situation actuelle des trois éléments
religieux, politique et social, qui composent la synthèse de la vie d'une
nation.

En France, presque tout le monde se croit et se dit chrétien, et personne ne l'est. C'est là une situation dans le faux qui produit, comme
nous le verrons, de graves désordres. La première chose en tout, c'est
une position franche et consciencieuse. Je m'adresse en ce moment surtout aux socialistes, puisque c'est au nom du Christianisme que la plupart prétendent avoir le droit de bouleverser ce qu'ils appellent l'ancien
monde et de le refaire à neuf.

Et tout d'abord je leur demande : Etes-vous chrétiens ? Il ne suffit pas
pour cela de dire : Je prends comme base de mon socialisme ce verset de
l'Evangile : Tous les hommes sont égaux et frères. Cette pensée-là n'est
pas du Christ : elle avait été émise bien avant lui par Pythagore, par Platon
et par beaucoup d'autres. L'Evangile, ce n'est pas seulement ce verset,
qui flatte et sert vos passions ; c'est tout un corps de préceptes et de
croyances. Quand on se borne comme vous à admettre les uns et à laisser de côté les autres, on n'est pas chrétien, on n'a pas le droit de se dire
chrétien.

Au reste, j'ai promis d'exposer ce que j'ai vu et entendu ; ce ne sera
donc pas moi qui vous demanderai : Etes-vous chrétiens ? Je laisserai ce
soin à vos confrères eux-mêmes les socialistes, et je vais vous faire as-
sister à l'une de ces réunions où la question religieuse a été agitée parmi
vous et par vous-mêmes. Je m'abstiendrai de toute personnalité ; je ne

nommerai que les gens qui auront écrit leurs opinions , car un homme qui se sent battu est toujours porté à nier et à modifier les paroles qu'il a prononcées et dont on s'arme contre lui. La vérité et le sérieux des questions finissent aussi par se perdre dans les personnalités qui les dominent. Quelle est ma mission? Vous éclairer en vous signalant les faits. Quel est votre devoir et votre intérêt? Les constater, et pour les vérifier, il vous est facile d'entrevoir dans quelle sphère vous devez vous placer.

Parmi vous , socialistes , comme dans tous les partis , il y a une minorité franche et logique , et voici ce qu'elle vous dit : A quoi bon nous créer une position fausse et une cause de divisions en vous disant chrétiens quand vous ne l'êtes pas? Nous pourrions prendre l'Evangile verset par verset, et vous montrer qu'il n'en est pas un quart que vous admettiez, auquel vous croyiez et conformiez votre vie : mais nous vous abandonnons à vous-mêmes cet examen de conscience, et nous nous bornons à quatre questions fondamentales et à une épreuve décisive :

1° Croyez-vous à la divinité de Jésus-Christ? Vous savez qu'elle repose sur un songe : tirez le songe, il n'y a plus de Christ-Dieu. D'après l'Evangile de saint Mathieu , Joseph, indigné d'avoir épousé une femme enceinte, voulait la répudier, mais un ange lui apparut et lui dit de se réjouir, au lieu de s'irriter, attendu que sa femme était enceinte par l'opération du Saint-Esprit, et enceinte d'un Dieu. Mahomet, comme Jésus, a reçu de Dieu une mission religieuse , et sa religion a même remplacé le Christianisme dans les deux tiers du globe. Si les mahométans avaient voulu faire passer leur législateur pour un dieu , et lui avaient pour cela donné le même genre de naissance que celui du Christ, y croiriez-vous?

La majorité demeura un instant silencieuse; puis un socialiste s'écria : Nous n'avons point à nous préoccuper de la divinité du Christ : il est notre maître parce que c'est un ouvrier révolutionnaire , et son Evangile est le nôtre parce que c'est le code du communisme et de la fraternité.

La minorité répartit : Il reste à savoir si l'on est en droit de se dire chrétien quand on ne croit pas à la divinité de Jésus-Christ.

2° Croyez-vous à l'enfer?

— Non ! non ! infamie ! blasphème ! crièrent plusieurs voix.

La minorité répartit : Nous savons que vous ne voulez pas d'un Dieu bourreau, que l'enfer est le plus monstrueux blasphème adressé à la Providence : mais enfin l'enfer, sous le nom de géhenne, de flammes éternelles, est à chaque page de l'Évangile. Comment concilier encore le titre de chrétien avec la non-croyance à l'enfer?

3° L'Evangile est établi sur le renoncement aux biens et aux jouissances de ce monde, sur le paupérisme et la souffrance, comme les deux moyens les plus sûrs d'arriver au Christ et à Dieu. Comment osez-vous vous dire chrétiens, en allant précisément au rebours de l'Evangile, en étant avides de bonheur matériel, enviant les riches, et posant comme base du socialisme cette maxime antiévangélique : La plus grande somme possible de bien-être et de jouissances? Le vrai chrétien, celui qui conforme sa vie à l'Evangile, c'est le moine, c'est la religieuse, ce sont quelques-uns des saints qui ont vécu chrétiennement dans le monde. Quel rapport y a-t-il entre eux et vous?

4° Croyez-vous aux paroles du Christ? Nous ne prendrons que les plus solennelles et les plus importantes : Tout ce que vous demanderez par la prière en mon nom à mon Père vous sera accordé. Etes-vous bien convaincus de la vérité de cette parole? Comment alors expliquez-vous ces malheureux qui reviennent chaque jour au temple aussi malheureux que la veille? et ces prières si ferventes de toute la chrétienté pour le succès des croisades; et Dieu n'accordant même pas aux chrétiens les lieux saints, le sol du Christ? Sur dix de vos vœux accompagnés de prières, combien en comptez-vous d'exaucés?

Au reste, qu'on apporte un brasier allumé, et après avoir dit : Je suis convaincu que Jésus-Christ est Dieu et a été conçu par le Saint-Esprit; je suis convaincu que le moyen d'arriver au Christ et à Dieu, c'est de renoncer aux biens et aux jouissances de ce monde, d'être pauvre et de souffrir; je suis convaincu que tout ce que je demanderai à Dieu au nom du Christ me sera accordé, et, après lui avoir demandé de retirer votre main intacte, vous la poserez sur ce brasier. Cette épreuve eût été non-seulement un jeu, mais un bonheur pour ces premiers chrétiens que vous prétendez être vos modèles.

Telle est la nature humaine, qu'au mot de brasier presque toutes les mains, par un mouvement instinctif et involontaire, allèrent se cacher dans les poches. L'auditoire resta encore quelques instants muet, puis une voix s'éleva en ces termes : Portez donc vos quatre questions et votre brasier d'église en église, et vous verrez combien il y aura de dévots qui y mettront la main.

La minorité répondit : Cela ne prouve pas que vous autres socialistes vous soyez chrétiens, et cela prouve que les dévots des églises ne sont ni plus francs ni plus chrétiens que vous. Ce sont, comme vous, mais dans un autre sens, des gens qui se font un christianisme d'amateurs, admettant telle croyance et tel précepte, suivant telle pratique et laissant de côté tout ce qui ne leur va pas. A vous comme à eux nous disons : Vous n'êtes pas chrétiens. Vous et eux pouvez avoir le sentiment religieux; vous pouvez profondément croire en Dieu, à une autre vie, à une loi divine et éternelle, à la nécessité de faire venir le devoir de Dieu, de lui donner une sanction religieuse; mais cela ne suffit pas pour se dire chrétien : personne n'est plus religieux et moins chrétien que les mahométans.

— Nous ne voulons plus, dit la majorité, qu'on nous appelle matérialistes et athées.

— Vos protestations de christianisme, répliqua-t-on, ne convainquent personne, et l'on continue à vous jeter ces injures imméritées : à quoi bon dès-lors vous placer dans une position fausse vis-à-vis de votre conscience et de votre doctrine? D'ailleurs, indépendamment du brandon de discorde et de la pomme de division que vous mettez dans le socialisme naissant, quel intérêt trouvez-vous à établir une chose nouvelle sur une autre qui s'use? Le socialisme, analysé dans chacune de ses idées, n'offre peut-être rien de bien nouveau, mais par rapport à la société moderne et comme synthèse sociale, comme doctrine aspirant au gouvernement de la société, c'est quelque chose qui naît et se pose. Le christianisme a toujours été en déclinant : ses plus beaux siècles sont ceux qui touchent à son berceau; puis arrive le mahométisme, qui lui enlève les deux tiers de son empire; puis le schisme grec et le protestantisme, qui y mettent la discorde et la dislocation; enfin la philosophie, qui tue la racine, c'est-à-dire, la foi. Le christianisme sans la foi n'est plus qu'un usage qu'on suit par respect humain : on fait sa première communion, parce que c'est l'usage; on se confesse à l'heure de la mort, parce que c'est l'usage, et dans le cours de la vie, parce qu'il est commode de pouvoir commettre des fautes et tranquilliser sa conscience moyennant une indulgence achetée ou une absolution qui n'est jamais refusée; on ne se fait aucun scrupule de sacrifier la grand'messe à une partie de campagne, et, quant aux vêpres, comme on n'est pas aussi tenu d'y aller qu'à la messe, la plupart des chrétiens s'en abstiennent. On afflue au sermon d'un orateur éloquent, qui le plus souvent ne développe que de brillants paradoxes et des sophismes peu chrétiens, et on laisse déserte la chaire du vénérable prêtre qui se borne à prêcher l'Evangile. Uue religion qui en est là n'est plus qu'une religion pour la forme, et, si elle subsiste, c'est que la masse des hommes est dans une complète indifférence religieuse et ne se sent pas plus portée à croire à une nouvelle religion qu'à l'ancienne ; c'est encore que beaucoup de gens, sans se préoccuper du christianisme ni chercher à s'en rendre compte, tiennent à l'idée de Dieu et éprouvent le besoin de le prier dans un temple.

—Aussi, s'écria la majorité, nous ne voulons plus du vieux christianisme des prêtres : nous voulons un nouveau christianisme, base d'une religion humanitaire. Ces fêtes, comme la Noël et la Pâque, que les catholiques d'aujourd'hui célèbrent sans savoir ce qu'ils font et sans même se douter qu'ils continuent et reproduisent un culte païen, nous nous en emparerons et nous leur rendrons leur expression sociale.

—Mais c'est là précisément le brandon de discorde, la pomme de division, répondit la minorité : il y a trente nouveaux christianismes et dont chacun se prétend seul le vrai ; uous ne citerons que les principaux : l'Evangile de Lamennais, celui de Pierre Leroux, celui d'Fsquiros, le vrai christianisme de Cabet, le christianisme Saint-Simonnien, celui de l'Eglise française, le Messianisme de Towanski et de Mickiéwitz. Chaque mois, chaque semaine voit naître et voit aussi se dissoudre et mourir quelque nouvelle société chrétienne qui s'annonce comme possédant seule le vrai christianisme et comme appelée à rétablir l'unité parmi les chrétiens ; néanmoins dans un air aussi positif et aussi socialiste que le nôtre on n'aurait ni sociétaires ni auditeurs, si l'on se bornait à faire du mysticisme ou de la morale de résignation, on rattache donc à la question religieuse une formule positive d'association. Mais voici ce qui arrive dès la première séance :

En voulant introduire le christianisme dans les questions sociales et positives, au lieu de trouver l'unité, on rencontre la division à l'infini, que nous signalions tout à l'heure ; on proclame qu'on veut être avant tout fraternel et charitable, et on ne l'est presque jamais ; on s'abandonne à tout le fiel des discussions théologiques. Alors, des gens qui auraient pu s'entendre pour le bien sur un terrain positif deviennent ennemis sur le terrain religieux, et s'éloignent l'un de l'autre en se traitant d'athées ou de superstitieux ; au lieu de chercher à un mal positif un remède positif, on se fourvoie dans le mysticisme, on n'aboutit à rien, et la question sociale, l'association positive, est entraînée dans la débâcle de l'association religieuse.

Eclairez-vous donc à une expérience déjà faite, et profitez-en dans l'intérêt de notre union et de notre avenir. Vous vous trompez vous-mêmes ou vous trompez les autres, quand vous dites que 89 et 92 ont eu en vue d'établir le christianisme ; c'est au contraire en le battant en brèche que Voltaire et les encyclopédistes ont fait éclore 89 ; et quant à 92, quant à la république montagnarde, votre idole, elle avait supprimé entièrement la religion chrétienne.

Croyez-nous, concluait la minorité, de deux choses l'une : ou ne mêlez pas la religion au socialisme, laissez chacun libre dans son opinion religieuse et dans son culte, ou bien faites du socialisme une religion nouvelle ayant pour dogmes les grands dogmes de toutes les religions, ceux acceptés par la presque totalité des hommes ; puis, pour dogmes encore, les principes fondamentaux du socialisme ; pour culte, des fêtes sans superstitions, qui ne répugnent à personne. Tout homme qui garde dans son cœur l'idée de Dieu et qui remplit ses devoirs a le sentiment religieux, la religion du fond, quelle que soit la forme de son opinion et de son culte.

Tel est l'état général et actuel de la situation religieuse, situation aussi grave que fausse : mais, pour la bien comprendre, il faut en étudier les différents éléments. Je dois donc vous faire connaître le christianisme social, puis le christianisme seulement doctrine religieuse comme le veulent ceux qui prétendent qu'on tue le christianisme en le faisant socialiste; puis aussi l'indifférence religieuse avec ses raisons d'être, la religion nouvelle avec son incertitude actuelle sur ses deux formes d'épanouissement; enfin, et comme conclusion de ce chapitre, cette question : Quel peut être le terme de la conciliation religieuse au sein d'une situation aussi fausse et aussi discordante? Tâchons du moins de sauver et de laisser dans le monde l'idée de Dieu et de sa loi éternelle, le devoir.

LE CHRISTIANISME SOCIAL.

Les socialistes, comprenant toute la puissance d'un levier formé avec une doctrine divine, se sont emparés de l'Evangile comme d'une puissante batterie révolutionnaire dirigée par un Dieu contre tous les éléments de la société actuelle, et, appliquant à la terre ce que les autres disent n'être destiné qu'au ciel, ils prétendent être en droit de changer l'état social, parce qu'ils ne veulent, disent-ils, que la réalisation de l'Evangile, en droit d'employer les moyens les plus violents, parce que ce sont ceux conseillés par l'Evangile.

Je ne m'arrêterai pas aux christianismes mystiques et pacifiques : ils ont peu de séides; ce sont de très petites églises où les disciples admirent leur maître avec un enthousiasme convulsif, parce qu'ils ne le comprennent pas; où le maître se croit profond et sublime, parce qu'il ne se comprend pas lui-même : on ne tombe pas en convulsion devant une idée sensée, devant une vérité claire et démontrée. J'exposerai le christianisme social, positif, des hommes d'action et de la grande majorité; presque tout ce qu'on va lire se trouve dans l'*Evangile du peuple*, par Esquiros, et ici je puis citer un nom, parce qu'à cette personnalité se rattache un écrit. Du reste, toutes ces idées sont celles développées dans les réunions, et l'on ne peut trouver que naïf l'étonnement des socialistes chrétiens pacifiques, de se voir et en minorité, et débordés par les hommes d'action et de logique impitoyable.

L'ÉVANGILE SOCIAL.

Jésus, l'enfant de l'adultère, le nouveau-né sans asile, l'ouvrier charpentier, le dénué de tout, vivant au jour le jour d'hospitalité et d'aumônes, mangeant et buvant avec les gens de mauvaise vie et les femmes débauchées, n'acceptant pour apôtres que des hommes du peuple sans éducation, et repoussant les savants et les riches, voilà le type le plus complet du prolétaire, du révolutionnaire, du communiste, partant, celui que le peuple doit choisir comme modèle et comme chef de doctrine.

Le monde actuel doit être détruit de fond en comble, car Jésus a dit : Détruisez le temple de Jérusalem, qui représente le vieux monde; la société, il faut la refaire entièrement à neuf, car on ne doit pas coudre une pièce d'étoffe neuve à un vieux vêtement ni mettre du vin nouveau dans de vieilles outres.

Les éléments du monde ancien n'ont droit à aucune pitié : pas de tolérance, guerre à mort ! car Jésus a dit : Je ne suis pas venu apporter la paix, mais la guerre ; je suis venu apporter le feu, et je veux qu'il s'allume. Opérez la grande conflagration du monde ; l'arbre qui ne donne pas de bons fruits sera coupé et jeté au feu.

L'humanité en révolution doit retrancher de ses membres tous ceux qui lui nuisent, car le Christ a dit : Si ton bras, ta jambe ou ton œil te scandalisent, arrache-les. Tout ce qui n'est pas pour moi est contre moi.

Ne vous reposez que lorsque vous aurez révolutionné tous les Etats, car mon royaume est semblable au levain qu'une femme a mis dans trois mesures de farine, jusqu'à ce que toute la pâte soit levée. Agitez le levain, le ferment des révolutions, jusqu'à ce qu'il ait fait lever toutes les sociétés. Je suis venu, a dit Jésus, plonger le monde dans un baptême de flamme et de sang.

L'Evangile, c'est moins la vie de Jésus que la grande épopée de l'humanité ; le règne de Dieu, c'est le règne du peuple ; car Jésus a dit : Celui qui sera abaissé sera élevé ; les derniers deviendront les premiers.

Le peuple seul est béni et appelé dans la nouvelle société ; le fils de l'homme ou l'humanité a le pouvoir de délier les péchés ; et c'est aux gens de mauvaise vie, aux criminels et aux femmes débauchées qu'il fait un appel, en les assurant que, s'ils l'aident à détruire l'ancien monde, ils devanceront les riches dans le royaume de Dieu. Guerre à mort à tous les souteneurs du vieux monde ; frappez le père, frappez le fils, car Jésus a dit : Je ne suis pas venu détruire la loi de Moïse, et Dieu par l'organe de Moïse a rendu les enfants responsables de la faute de leur père.

Maudits soient les riches, car Jésus a dit : Il est plus facile à un chameau d'entrer par le trou d'une aiguille qu'à un riche d'entrer dans le royaume de Dieu. Séparez l'ivraie du bon grain, le riche du pauvre, et jetez l'ivraie au feu. Le Fils de l'homme est venu purger l'humanité de la paille inutile des riches, qui dévorent le pur froment du peuple, et la jeter au feu. Vous ne pouvez servir deux maîtres à la fois : Dieu et l'argent ; vous ne pouvez être à la foi chrétiens et riches : commencez par renoncer à vos biens, si vous voulez être mon disciple.

La propriété est un vol, et le communisme seul est chrétien, car Jésus a dit : Partagez vos biens avec vos frères, car il a communié avec ses disciples, en mangeant le même pain et buvant le même vin pour établir la communauté ; les premiers chétiens avaient leurs agapes et vivaient en commun : les moines, c'est-à-dire les hommes qui prennent pour règle l'Évangile, vivent en communauté. Une société où il y a des membres qui souffrent de la faim, du froid ou de la soif n'est pas une société chrétienne ; car Jésus a voulu que la nourriture, le logement et le vêtement fussent communs à tous comme l'air, l'eau et la lumière.

Si vous avez besoin de voyager, n'emportez rien avec vous, ni monnaie, ni vêtement, ni nourriture, car l'Evangile a dit que chacun vous doit tout cela et l'hospitalité. Si une maison refusait de vous accueillir, secouez la poussière de vos pieds, maudissez-la et appelez sur elle la colère du peuple.

Le revenu net, surtout l'intérêt du capital prêté, est un vol antichrétien, car Dieu a dit par l'organe de Moïse : Tu prêteras à ton frère sans tirer intérêt ; car Jésus a dit : Prête à tous ceux qui veulent t'emprunter, et les prêtres eux-mêmes dans les provinces où ils sont tout-puissants défendent aux paysans de prêter avec intérêt.

La société a le droit de prendre à ceux qui ont pour donner à ceux qui n'ont pas; car Jésus a dit : Si l'on vous prend votre robe, donnez votre habit, tout doit être commun entre frères. Un de vos frères n'a pas le droit d'avoir une robe et un habit si vous n'avez aucun vêtement; on peut donc lui prendre sa robe ou son habit, car les uns ne doivent pas être doublement vêtus quand les autres sont nus.

Maudits soient les princes et les grands, leur autorité n'est qu'une usurpation des droits du peuple, car Jésus les a appelés : Guides aveugles qui passent le moucheron et avalent le chameau ; coupes pleines d'ordures, races de vipères qui sucent le sang du peuple, et méritent d'être condamnés au feu ; sépulcres blanchis couverts d'herbe, mais au fond pourriture et ossements. Ils ont tiré le glaive du fourreau pour opprimer le peuple, ils doivent périr par le glaive.

Il ne doit y avoir ni supérieurs, ni riches, ni maîtres, car Jésus a dit : Tous les hommes sont égaux et frères, et le serviteur est l'égal du maître. Qui voudra être le premier parmi vous, qu'il soit votre esclave.

Vous ne devez rien aux princes ; quand Jésus a dit : Rendez à César ce qui est à César, ce n'était que forcé par la circonstance, ce n'était qu'un moyen d'éluder la malice des pharisiens qui cherchaient tous les moyens de le perdre. Mais dès qu'il fut revenu dans l'intimité de ses disciples, il leur fit cette question : De qui les rois ont-ils le droit d'exiger l'impôt, de leurs fils ou de leurs esclaves ? Pierre répondit : De leurs esclaves. Eh bien ! repartit Jésus, ceux qui ne veulent pas être leurs esclaves en sont donc exempts ; ne payez donc les impôts aux rois que si vous y êtes contraints.

Maudits soient les prêtres, ces imposteurs qui faussent l'Évangile dans un intérêt de domination et d'argent, car Jésus a dit : Ce sont des hypocrites qui m'honorent des lèvres, mais leur cœur est loin de ma doctrine ; faites ce qu'ils disent et non ce qu'ils font, car il font autrement qu'ils ne disent : ils aiment à vivre dans le bien-être, à avoir des palais, des anneaux brillants, les premières places dans les cérémonies, à être salués, à être appelés Monseigneur. Car Jésus leur a dit : Vous dévorez les maisons des veuves en affectant de longues prières, vous courez la terre et la mer pour faire un prosélyte et quand il l'est devenu, vous le rendez digne de la géhenne deux fois plus que vous. Car les prêtres sont les vendeurs que Jésus a chassés du temple en leur disant : Vous faites de la maison de mon père un marché, un marché de messes, de baptêmes, d'enterrements, d'amulettes, d'indulgences et autres simonies.

Les longs offices dans les églises, les jeûnes, les abstinences et les pratiques religieuses sont contre l'Évangile, car Jésus a dit à ses disciples : Mangez ce qu'on vous donnera ; et quand ils lui demandèrent pourquoi ils ne jeûnaient pas, Jésus leur répondit que c'était inutile et que la vraie religion ne consiste pas dans les pratiques extérieures.

Le dimanche il est permis de travailler et de faire ce qui est bien les autres jours, car Jésus fit arracher des épis le jour du sabbat, et répondit aux pharisiens : Si votre brebis tombe dans une fosse le jour du sabbat, qui de vous ne travaillera pas à l'en retirer ?

Prolétaires, gens du peuple, aimez-vous les uns les autres, mais haïssez les riches, les grands et les prêtres, ces exploiteurs du peuple, ces maudits du Christ.

La famille est aussi une institution du vieux monde qui, pas plus que la propriété, ne doit exister dans la communauté chrétienne, car Jésus a dit : Quittez votre père, votre mère, et vos frères de la famille pour me suivre ; vous trouverez dans le communisme chrétien d'autres frères, tous les hommes, voilà vos frères. N'appelez personne votre père sur la terre, vous n'avez qu'un père qui est Dieu, et vous avez pour frères tous les hommes. Jésus dit à sa mère: Femme, qu'y a-t-il de commun entre vous et moi? Un autre jour, prévenu que sa mère et ses frères étaient au dehors qui demandaient à lui parler, il répondit: Qu'est-ce que ma mère et mes frères? je n'ai d'autre famille que mes disciples. Un de ses disciples lui disant: Permets que j'aille ensevelir mon père, Jésus lui répondit: Ne t'occupe pas de ton père et laisse les morts ensevelir leurs morts.

Le mariage est contraire à l'Évangile, car Jésus a dit: Dans la nouvelle société les hommes ne prendront point d'épouses, ni les femmes de maris; ils vivront librement comme les anges de Dieu qui sont dans le ciel. Il faut donc suivre librement la loi de l'attrait et des tendances de la nature, et vivre comme on veut, à la manière de Jésus qui ne s'est pas marié et qui vivait avec toute espèce de monde.

Les convenances et les conventions sociales sont des préjugés dont on peut s'affranchir d'après l'Évangile, car Jésus, à qui l'on demandait pourquoi ses disciples ne se lavaient pas les mains avant de manger et transgressaient les convenances et les traditions des anciens, répondit: Tout cela ne souille pas l'homme, les crimes seuls le souillent, et l'on n'a besoin de s'abstenir que des crimes.

Le travail est une punition du ciel dont il faut se dispenser autant que possible, et Jésus a dit: Vivez au jour le jour, ne songez pas au lendemain; faites comme les oiseaux qui ne sèment ni n'amassent: faites comme les lis qui ne travaillent ni ne filent.

L'égalité des salaires est un droit consacré par l'Évangile, car Jésus a donné autant aux ouvriers qui n'avaient travaillé à la vigne qu'une partie de la journée qu'à ceux qui y avaient travaillé depuis le matin.

L'instruction, les arts et les lettres sont inutiles, et forment une aristocratie dont nous ne voulons pas plus que des autres, car Jésus a dit: Bienheureux les pauvres d'esprit, la nouvelle société leur appartiendra; il a repoussé les scribes et les lettrés qui s'offraient pour être ses disciples, et il a toujours montré un très grand dédain pour les sciences et pour les arts. Un simple ouvrier est autant qu'un homme de génie.

La passion du Christ est le symbole des souffrances et des humiliations du peuple, sa résurrection et son ascension le symbole de l'avenir populaire, et la double pierre du sépulcre du peuple enseveli sera levée par la réhabilitation des gens de mauvaise vie et par l'établissement du communisme chrétien.

Jésus a été condamné justement comme révolutionnaire voulant détruire l'ancien monde. Propagandistes, socialistes et communistes, vous êtes des Jésus-Christ. Vous que les lois condamnent, ne vous considérez pas comme des coupables, mais comme des apôtres et des martyrs; continuez la lutte jusqu'à ce que le triomphe de l'humanité s'accomplisse, et rappelez-vous cette parole du Christ: On vous persécutera, on vous fera mourir à cause de moi, mais ayez confiance, j'ai vaincu le monde.

Les socialistes ajoutent: La preuve que c'est nous qui interprétons bien l'Évangile, nous la puisons dans les écrits des Pères de l'Eglise qui l'ont compris comme nous.

Saint Bazile. — De quel droit un seul s'approprie-t-il les choses qui doivent être communes? Tout était commun entre les premiers chrétiens; si chacun ne possédait que ce qui lui est nécessaire pour sa subsistance, il n'y aurait ni riches ni pauvres. La propriété est un vol, car n'êtes-vous pas un voleur vous, qui gardez dans votre armoire des vêtements qui pourraient couvrir ceux qui sont nus, de l'argent qui pourrait sauver de la misère celui qui n'a rien ? N'êtes-vous pas aussi voleur que celui qui dérobe un vêtement ou de l'argent ?

Saint Grégoire le grand. — Riches, vous qui vous appropriez à vous seuls les biens que Dieu avait rendus communs, les biens des pauvres, vous êtes des meurtriers et des homicides, car en retenant ces biens, vous tuez tous les jours autant de pauvres que vous auriez pu en nourrir, et lorsque vous faites une aumône, sachez que ce n'est point une œuvre de miséricorde, mais seulement une dette que vous payez.

Saint Grégoire de Nyss. — Puisque nous sommes tous frères, il faut que nous partagions tout également ; celui qui veut posséder et exclure ses frères est une bête farouche dont la gueule est toujours ouverte pour dévorer elle seule toute la nourriture des autres. Quand on prête avec intérêt, c'est un vol et un parricide.

Saint Ambroise. — Vous mangez quand votre nourriture suffoque les autres, vous écoutez d'agréables symphonies quand un autre se consume en gémissements ; vous vous estimez riches, vous qui exigez du pauvre un salaire en lui prêtant à intérêt.

Saint Augustin. — Le rentier qui répond : Je n'ai pas d'autres ressources pour vivre que les intérêts et les revenus de mon capital, ressemble au voleur qui prend un art d'iniquité pour s'en faire un moyen d'existence.

Les Conciles. — Il y a usure dès qu'on reçoit plus qu'on a donné, et celui-là mourra dans les flammes éternelles.

Tel est l'Evangile social, l'Evangile appliqué aux choses de la terre. Esquiros s'écrie : Il y a eu des chrétiens, mais pas encore une société chrétienne : des philosophes ont écrit qu'une société chrétienne est impossible.

LE CHRISTIANISME RELIGIEUX.

Voici maintenant l'opinion diamétralement opposée de ceux qui veulent que l'Evangile soit une doctrine purement religieuse, un moyen de salut, et qui prétendent qu'on fausse et qu'on tue le christianisme en le faisant socialiste.

A toutes les époques de décomposition et de rénovation sociales ont apparu des esprits mystiques qui ont cru à la fin prochaine du monde, qui l'ont prédite, qui ont engagé les hommes à ne plus s'occuper de la terre et à ne songer qu'au ciel. Jésus-Christ est de ce nombre. Tout l'Evangile appliqué à cette idée et expliqué par elle n'a plus dès-lors besoin d'être ni torturé ni commenté ; sa lettre simple et claire reste ce qu'elle est. Mais si vous voulez faire de l'Evangile autre chose qu'une doctrine en prévision du jugement dernier, autre chose qu'un moyen de salut, vous êtes forcé de torturer chaque verset, et du moment que vous admettez que l'Evangile ne dit pas ce qu'il veut dire et qu'il faut le commenter, chacun fait un commentaire à sa manière. De quel droit n'accepte-t-on pas une lettre claire et positive, et prétend-on que l'Evangile ne dit pas ce qu'il veut dire ? Qu'est-ce qu'une doctrine dont chaque verset a besoin d'interprétation, et se trouve livré aux commentaires de chacun? Voici l'Évangile naturel sans rien changer à sa lettre, et qui se comprend de lui-même, en rapportant tout à l'idée de Jésus-Christ : Préparez-vous à la fin du monde et au jugement dernier.

L'ÉVANGILE RELIGIEUX.

Amendez-vous, car le royaume de Dieu est proche :

Mon royaume n'est pas de ce monde.

Bienheureux les pauvres d'esprit, car le royaume des cieux est à eux.

Bienheureux ceux qui sont dans l'affliction, car ils verront Dieu.

Bienheureux ceux qui sont persécutés, car le royaume des cieux est à eux.

Réjouissez-vous si on vous dit des injures à cause de moi, parce que votre récompense sera grande dans les cieux.

Je suis venu non pour abolir la loi de Moïse, mais pour l'accomplir. Celui qui aura violé un des commandements de Dieu sera estimé le plus petit dans le royaume des cieux ; celui qui les aura observés et enseignés sera estimé grand dans le royaume des cieux.

Quiconque se mettra en colère contre son frère et lui dira : Raca ! sera puni par la géhenne.

Que si ton bras ou ta jambe te scandalisent, coupe-les ; que si ton œil droit te fait tomber dans le péché, arrache-le, car il vaut mieux qu'un de tes membres périsse que de voir tout ton corps tomber dans la géhenne.

Pratique l'aumône secrète et la prière secrète dans ton cabinet et avec peu de paroles, car Dieu sait mieux que toi ce dont tu as besoin ; Dieu qui te voit dans le secret te rendra publiquement au ciel tout ce que tu auras fait pour lui sur la terre.

Plusieurs me diront au jour du jugement dernier : Nous avons prophétisé, chassé les démons, fait des miracles en ton nom ; je leur repondrai, parce qu'ils se sont bornés à cela, et n'ont pas fait la volonté de Dieu : Retirez-vous, je ne vous connais pas, vous n'êtes pas dignes d'entrer dans le royaume des cieux.

Les justes viendront d'Orient et d'Occident, et seront à table au royaume des cieux avec Abraham, Isaac et Jacob ; les autres seront jetés dans les ténèbres, et il y aura là des pleurs et des grincements de dents.

Allez aux brebis d'Israël qui sont perdues, et dites-leur de s'amender, parce que le royaume de Dieu est proche.

Partout où l'on ne vous recevra pas, secouez la poussière de vos pieds ; je vous dis en vérité que Sodome et Gomorrhe seront traitées moins rigoureusement au jour du jugement que cette ville-là.

Ne craignez pas ceux qui ôtent la vie du corps, mais celui qui peut perdre l'âme et le corps dans la géhenne.

Celui qui aura perdu la vie sur la terre à cause de moi la retrouvera au ciel.

Celui qui aura donné un verre d'eau à cause de moi aura sa récompense dans le ciel.

Races de vipères ! comment pouvez-vous dire de bonnes choses? Les hommes rendront compte, au jour du jugement dernier, de toutes les paroles vaines qu'ils auront dites.

Le royaume des cieux est semblable à la bonne semence à laquelle vient se mêler l'ivraie ; comme donc on amasse l'ivraie et qu'on la brûle, il en sera de même à la fin du monde.

Les portes de l'enfer ne prévaudront pas contre mon Eglise ; je te donnerai à toi, Pierre, les clefs du royaume des cieux, et tout ce que tu lieras sur la terre sera lié dans le ciel.

Le Fils de l'homme viendra dans la gloire de son Père avec ses anges, et alors il rendra à chacun selon ses œuvres.

Si tu ne pardonnes pas sur la terre, mon Père ne te pardonnera pas dans le ciel.

Vends ce que tu as, donne-le aux pauvres, et tu auras un trésor dans le ciel.

Il est plus aisé à un chameau d'entrer par le trou d'une aiguille qu'à un riche d'entrer dans le royaume de Dieu.

Ne résiste pas à qui te fait du mal ; si l'on te frappe à la joue droite, tends la joue gauche ; si l'on te prend ta robe, donne ton manteau ; fais du bien à ceux qui te haïssent, et tu auras une place au royaume des cieux.

Vous, mes disciples, au jour du jugement dernier, vous serez assis sur douze trônes à ma droite et à ma gauche, et vous jugerez les douze tribus d'Israël.

Quiconque aura quitté sa famille ou ses champs à cause de moi héritera de la vie éternelle.

Je vous dis en vérité que les péagers et les femmes de mauvaise vie vous devanceront au royaume de Dieu ; les premiers seront les derniers.

Il y en aura beaucoup d'appelés, mais peu d'élus.

Jérusalem ! Jérusalem ! votre demeure va devenir déserte, et il ne restera pierre sur pierre.

Ceci est mon corps et mon sang ; communiez aujourd'hui avec moi, car je ne mangerai plus et ne boirai plus avec vous que dans le ciel.

Comme signes de la fin du monde, il y aura dans le ciel des choses extraordinaires, et sur la terre des famines, des pestes, des tremblements, de faux prophètes ; et quand vous verrez l'abomination de la désolation, alors la fin du monde arrivera ; le Fils de l'homme paraîtra dans les nuées, il enverra ses anges avec un grand son de trompettes, et ils rassembleront les élus des quatre vents.

Je vous dis en vérité que cette génération ne passera point que toutes ces choses n'arrivent : mais pour ce qui est du jour et de l'heure de la fin du monde, personne, ni les anges, ni moi-même, ne les connaît : Dieu seul les sait.

Veillez sur vous, car vous ne savez ni le jour ni l'heure auxquels le Fils de l'homme viendra séparer les nations assemblées en brebis et en boucs, et dire à ceux qui seront à sa droite : Possédez en héritage le royaume de Dieu ; à ceux qui seront à sa gauche : Allez dans le feu éternel avec le diable.

La Passion du Christ, c'est ce qu'il faut souffrir pour ressusciter comme lui et pour monter au ciel.

Voilà l'Evangile naturel avec sa lettre claire et positive, rapportant tout à la fin prochaine du monde, avec ces mots écrits à chaque verset : Royaume de Dieu, fin du monde, jugement dernier, géhenne, mots qui coïncident parfaitement avec le point de départ de l'Evangile : Mon royaume n'est pas de ce monde, et cela explique aussi les premiers chrétiens, ces martyrs qui renonçaient si facilement aux biens de la terre et à la vie pour avoir le ciel. Voilà le christianisme religieux, le vrai, celui qui est un moyen de salut, un frein et une consolation. De quel droit vous prétendez-vous chrétiens, vous qui ne croyez ni à la divinité du Christ, ni aux mystères, ni aux miracles, ni au jugement dernier ni à l'enfer ; vous qui ne suivez aucune pratiques religieuses et les traitez de superstitions établies par les prêtres dans un intérêt de domination et d'argent ; vous qui allez au rebours de l'Evangile en ne songeant qu'au bien-être et à la jouissance, alors que l'Evangile les condamne, prêche la renonciation aux biens de la terre, et ne promet le ciel qu'à la souffrance.

Le but du christianisme n'était pas, comme le veulent les socialistes, l'abolition de l'esclavage et du paupérisme ; la preuve, c'est que les apôtres ne condamnèrent jamais l'esclavage ; les premiers chrétiens avaient des esclaves et ne se croyaient nullement obligés de leur rendre la liberté ; saint Thomas, le plus célèbre théologien de la chrétienté, soutient qu'il y a des hommes justement esclaves par la nature des choses, et il appuie l'esclavage non pas avec les raisons païennes d'Aristote, mais avec des arguments tout chrétiens. Quant au paupérisme, Jésus-Christ était si loin de songer à le détruire, qu'il a dit : Il y aura toujours des pauvres, et le ciel n'appartiendra qu'à la pauvreté et à la souffrance. De quel droit, encore une fois, prétendez-vous que l'Evangile ne dit pas ce qu'il veut dire, qu'il faut le commenter, et l'appliquer aux choses de ce monde ?

L'INDIFFÉRENCE RELIGIEUSE.

Lorsque la république naissante donna l'entière liberté de conscience et de parole, un singulier état des opinions religieuses se révéla. Dans beaucoup de clubs on mit en question non-seulement la nécessité d'un nouveau christianisme ou d'une nouvelle religion, mais jusqu'à l'existence de Dieu ; et même dans des petites villes de province et du midi, comme à Brioude, l'existence de Dieu fut niée par 330 voix et adoptée seulement à dix voix de majorité ; même dans les clubs de femmes, l'existence de Dieu ne fut admise qu'à de très petites majorités. C'est là un des symptômes les plus attristants de l'état des esprits, et cette maladie de l'âme ce n'est pas la République qui l'a faite, elle date de loin et n'attendait pour se révéler que l'autorisation. Tâchons donc d'atténuer le mal en le faisant connaître et en livrant aux études de chacun les principaux doutes qui font les indifférents religieux et les athées. Ceux-ci se plaignent vivement qu'on leur jette le nom d'athées comme une injure, et sans jamais dire pourquoi ils le sont ; je ne dois point avoir cette partialité à leur égard, et voici le corps de doutes qui composent leur scepticisme, les raisons d'être de leur indifférence religieuse.

Dieu. Qu'est-ce que le Dieu des prêtres ? Un Dieu sans bonté et sans justice, appelant ses créatures à être heureuses et immortelles, et les damnant toutes pour une faute dont elles sont innocentes, posant ainsi dans le monde un dogme funeste qui rend les fils responsables de la faute de leur père, ordonnant à chaque instant des massacres, promettant et ne tenant pas, condamnant la plupart de ses enfants à de continuelles souffrances, souffrances physiques, souffrances morales, leur donnant un corps dont chaque partie devient maladive et se désorganise sous l'influence des éléments mêmes au sein desquels il doit vivre ; prodiguant les biens de la terre à ceux qui ne les méritent pas et qui en usent mal ; ne laissant au juste que la misère, l'humiliation et les larmes ; faisant annoncer le catholicisme comme la religion la plus parfaite et comme appelée à devenir universelle, et la rendant au contraire de moins en moins catholique, la faisant aller toujours en déclinant sous les coups du mahométisme, du schisme grec, du protestantisme et de la philosophie ; portant à croire à la prière, et ne l'exauçant pas ; laissant les pauvres les plus pieux revenir chaque jour au temple aussi malheureux que la veille ; sur dix vœux, accompagnés de prières, formés par le juste, il n'y en a souvent pas un seul qui se réalise : ce qui semble prouver que la prière est impuissante et n'est qu'une illusion du cœur, soit que les événements arrivent forcément comme étant dans les décrets éternels, soit que Dieu abandonne le gouvernement de la terre au libre arbitre de l'homme, et qu'il ait ses vues pour ne pas intervenir ici-bas. Les prêtres disent que le juste est appelé à souffrir sur la terre, mais à jouir dans le ciel : ce n'est là qu'une supposition, et le positif, le réel, c'est le malheur du juste sur la terre. Croire à un Dieu sans bonté, sans équité, sans logique et sans parole, à un Dieu tel que le font les prêtres, c'est, disent les sceptiques, une impossibilité pour notre raison et pour notre cœur ; et ils ajoutent :

Ce qui brise le plus le cœur de l'honnête homme, c'est de penser qu'il n'a pour lui, sur la terre, ni les hommes, ni Dieu. Qu'a-t-il à espérer ? Contre quel mal, contre quelle injustice Dieu le protége-t-il ? Quand les hommes condamnèrent Socrate et Phocion à boire de la ciguë, Dieu protégea-t-il le juste ? Quand ils ont puni Régulus de sa probité en le jetant dans une tonne de pointes, Dieu l'a-t-il protégé ? Quand ils ont méconnu le dévouement d'Éponine, Dieu l'a-t-il protégée ? Quand Bélisaire disait à Justinien : Pour prix de mes services, vous m'avez réduit à mendier dans les rues de Constantinople ; quand Fernand Cortez disait à Charles-Quint : Je vous ai conquis plus de terres que votre père ne vous en avait laissé, et je meurs de faim ! Dieu les a-t-il protégés ? Quand Christophe Colomb dans sa prison, quand Galilée dans les cachots de l'inquisition, élevaient leurs prières au ciel, Dieu les a-t-il écoutés ? Quand on dressa les échafauds de 93 pour tant d'honnêtes gens, Dieu les a-t-il protégés ? Quand les Polonais, les Italiens, les Hongrois ont voulu reconquérir leur indépendance légitime, Dieu les a-t-il protégés ? Et même dans les circonstances les plus usuelles, quand la médiocrité intrigante se met en concurrence avec l'esprit intègre et capable, lequel des deux arrive ? Quand la calomnie s'acharne contre un homme pour l'user, est-ce que cet homme ne perd pas sa popularité, sa position, sa réputation ? Quand des paroles insensées et violentes éclatent et égarent, si une voix honnête veut faire entendre une parole sensée et conciliante, Dieu la protége-t-il, la fait-il triompher, la fait-il même écouter ? Pour ne nier ni ne maudire Dieu, il faut ne pas le placer dans un centre où le mal et l'injuste dominent ; il faut penser que ce n'est pas lui qui mène le monde, et qu'après avoir donné à la terre ses lois éternelles et immuables, il l'abandonne à l'homme : tout le mal s'explique alors de lui-même par les mauvaises passions. Mais cette pensée de l'honnête homme, qu'il n'est pas pour lui une Providence sur la terre, est navrante, et c'est la principale cause de son indifférence, ou plutôt de son découragement religieux !

Telles sont les objections qui m'ont paru les plus sérieuses dans le scepticisme de ceux qui croient à une existence supérieure et créatrice, à un régulateur général, mais non à une Providence écoutant les prières de chacun, et entrant dans les plus petits détails de la vie humaine. Puis il y a l'athéisme absolu, qui prétend que Dieu n'est qu'une entité chimérique, un être idéal dans lequel nous adorons la synthèse de toutes les belles qualités de l'homme, ce seraient les hommes qui auraient fait Dieu à leur image, et qui, supposant un être supérieur, l'auraient orné de toutes les vertus humaines pour en adorer l'ensemble dans un être idéal.

L'âme. — L'âme est-elle immatérielle ? alors comment expliquer l'action du corps sur elle ? Un corps ne peut avoir d'action que sur des objets matériels, par le contact ou par un intermédiaire matériel, comme, par exemple, le fluide magnétique, qui met en rapport l'aimant et le fer. Si le corps n'a point d'action sur l'âme, et si elle est indépendante de lui, pourquoi calme-t-on les souffrances de l'âme en soignant le corps ? pourquoi le climat agit-il sur l'âme ? pourquoi quand la tête est blessée l'âme devient-elle folle ? pourquoi les crétins de corps le sont-ils aussi d'esprit ?

L'âme des animaux est-elle d'une autre nature que celle de l'homme ? L'âme se compose de trois facultés : la volonté, la réflexion et la mémoire. Laquelle de ces trois facultés l'animal n'a-t-il pas ? avec quelle force de volonté il poursuit sa proie ! avec quelle réflexion il se tire des dangers inattendus ! quelle mémoire il déploie dans son éducation domestique ! Le plus grand développement, la différence de l'âme de l'homme ne tient-elle pas seulement aux différences de conformation organique, et surtout à l'avantage de la parole ? L'âme d'un crétin, bien au-dessous de l'instinct de certains animaux, n'est-elle pas de même nature que celle d'un homme de génie ? parce que l'orgueil humain a appelé instinct l'âme des animaux, cela ne prouve rien : il ne suffit pas de changer les noms pour changer les choses.

L'âme est-elle immortelle et appelée à une autre vie ? Comment alors se fait-il que Dieu n'ait pas révélé à Moïse le principal dogme de la religion ? Dieu ne parle pas de l'immortalité de l'âme ; il promet de punir et de récompenser sur la terre jusqu'à la quatrième génération. Les Hébreux, c'est-à-dire le peuple de Dieu, ne croyaient pas à l'immortalité de l'âme : c'est un dogme païen reproduit par le christianisme, comme étant un frein social, et un frein social jugé nécessaire, surtout depuis que Dieu n'a pas tenu sa promesse de punir et de récompenser sur la terre jusqu'à la quatrième génération. L'âme ne serait-elle pas un souffle universel animant toute créature à sa naissance, manifestant une action plus ou moins intelligente, suivant qu'elle trouve un organisme plus ou moins parfait, puis, quand un corps se désorganise, retournant dans le grand réservoir des âmes ?

L'Écriture sainte. — L'Écriture sainte est un puits de doutes, et le doute conduit à l'athéisme. L'homme qui s'aperçoit ou croit qu'on l'a trompé sur un point s'imagine qu'on a eu intérêt à le tromper sur tout, et ne croit plus à rien. La foi ou le doute ne se commandent pas ; ils naissent d'eux-mêmes et malgré toutes les résistances de l'esprit.

Prêtre ou laïque, on doute malgré soi de l'infaillibilité de l'Église dans les conciles, en voyant ceux-ci rendre des décisions contradictoires ; on doute malgré soi de l'infaillibilité des papes à la manière des Borgia.

En lisant la Bible, on se demande : Qu'est-ce que le néant, et comment peut-on tirer d'une chose ce qui n'y est pas ?

Le soleil n'ayant été créé que le quatrième jour, comment a-t-il pu y avoir avant lui et sans lui de la lumière, de la chaleur, un jour et une nuit, des plantes et des fruits ?

S'il y a eu un paradis terrestre, pourquoi personne ne sait-il où était situé l'Éden, et pourquoi Dieu ne le révéla-t-il pas à Moïse ?

Si Dieu prédestinait les hommes à être immortels, pourquoi leur donna-t-il pour séjour la terre, ce petit globe qui bientôt n'aurait plus suffi ni pour les contenir, ni pour les nourrir ?

S'il y a eu un premier homme et une première femme, quel est l'auteur de la race nègre? car jamais deux Européens ou deux Asiatiques engendrant en Afrique n'ont produit des nègres.

Dieu se repent d'avoir créé le monde. Est-ce qu'il n'a pas la prescience? N'est-ce pas l'outrager que de lui retirer la prescience, de donner à penser qu'il ne sait pas toujours ce qu'il fait, et de lui prêter, dans la Bible, de si nombreux caprices sur lesquels il est forcé de revenir?

S'il y a eu un déluge universel, qui a peuplé l'Amérique?

Dieu défend de faire aucune représentation des choses de la terre et de s'incliner devant d'autres que lui. Les catholiques, avec leurs statues et leur culte des saints, sont donc en contravention avec la loi de Dieu, et méritent le reproche des chrétiens protestants et des autres religionnaires?

Si le péché originel a été produit par le démon tentateur ou mauvais ange, comment se fait-il que la Genèse ne parle ni de la création, ni de la nature, ni de la révolte des anges? La doctrine des bons et des mauvais anges n'est donc qu'une supposition?

Si la vérité religieuse se formule dans ces deux dogmes, trinité et immortalité de l'âme, pourquoi Dieu n'a-t-il pas révélé à Moïse la vérité religieuse, et lui a-t-il annoncé le contraire, c'est-à-dire l'unité absolue de Dieu, et la punition ou la récompense sur la terre?

Dieu a-t-il parlé, a-t-il fait une révélation à Moïse? Une révélation est la connaissance donnée d'idées jusqu'alors inconnues. Dieu n'avait pas besoin de révéler, et Moïse pouvait trouver de lui-même des principes sociaux qui étaient de toute éternité dans le monde, tels que : « Il faut honorer ses parents, ne pas tuer, ne pas voler, ne pas séduire la femme d'autrui. » Tous les législateurs religieux ont dû tenir du Ciel leurs lois, afin de leur donner une sanction; Moïse n'a-t-il pas fait comme les autres?

Dieu approuve que les lévites, que les prêtres de son peuple soient mariés, qu'ils aient même plusieurs femmes : il désapprouve donc peut-être le célibat des prêtres catholiques; ce célibat ne serait-il, comme le prétendent les protestants et les autres religionnaires, qu'un moyen de domination des papes?

Si Dieu est réellement intervenu dans l'histoire des Hébreux, et par lui-même et par ses anges, comment cette intervention n'a-t-elle pas produit d'effet moral et religieux? pourquoi le peuple de Dieu a-t-il presque toujours vécu dans l'idolâtrie, le désordre et la corruption? sans parler du veau d'or dans le désert, presque tous les rois d'Israël et presque tous ceux de Juda ont abandonné la religion mosaïque pour l'idolâtrie, ce qui n'aurait pas eu lieu si Dieu était réellement intervenu et par lui-même et par ses anges.

Le Cantique des Cantiques est un chant voluptueux tout naturel dans la bouche d'un roi qui avait un sérail. Pourquoi dès lors supposer que cette ode d'un sensualisme si matériel est le chant de noce de l'Église catholique, qui ne vint que neuf cents ans après Salomon, et dont ce roi ne s'occupait nullement, adonné qu'il était au sabéisme et au plaisir?

Toute la Bible est établie sur des visions et sur des interventions d'anges; pourquoi n'ont-elles jamais lieu dans les sociétés éclairées, qui sont pourtant les plus sceptiques, celles qui auraient le plus grand besoin de l'intervention divine pour être ramenées à la foi?

Les trois quarts des livres de la Bible n'ont aucune authenticité; on ne sait ni par qui ni à quelle époque ils ont été écrits. Comment établir une foi robuste sur des écrits sans authenticité?

La religion chrétienne. — Dans cette étude du **scepticisme**, nous voici arrivés au christianisme, et je m'efforcerai de continuer ma mission, qui est de mettre en relief les principales objections dont le penseur doit composer le but de son examen, de sa controverse et de ses réfutations.

L'évangile de saint Mathieu fait reposer le mystère de l'incarnation sur un songe; tirez le songe et il n'y a plus de Christ-Dieu. Est-ce là aussi une preuve bien concluante de la virginité de Marie, de la femme que voulait répudier Joseph?

Saint Mathieu parle seul de l'adoration des Mages; comment les trois autres évangélistes passent-ils sous silence un fait si important, et comment ce fait n'a-t-il eu aucune influence sur la religion des Mages?

Si Jésus-Christ est le Messie réel, comment se fait-il que ce soient précisément les Juifs, eux qui avaient intérêt à le reconnaître, eux dépositaires des prophéties, et qui les avaient spécialement étudiées, qui ont déclaré que Jésus-Christ ne réunissait pas les caractères essentiels annoncés par les prophètes? comment se fait-il qu'il n'ait pas réalisé ces deux-ci: « On ne sait d'où le Messie viendra et où il ira. — L'arche d'alliance sera retrouvée. » Pourquoi admettrait-on que Jérémie voulait parler d'une arche symbolique, quand il y avait une arche matérielle qui avait été perdue, et que les Hébreux tenaient essentiellement à retrouver?

Si Jésus-Christ croyait les miracles nécessaires à la conversion du monde, pourquoi refusait-il de les faire publiquement et en présence des gens éclairés? pourquoi n'en fit-il pas de décisifs? pourquoi ne ressuscita-t-il pas aux yeux des Juifs, alors que le peuple lui disait : « Descends de cette croix, et nous croirons en toi? » pourquoi n'a-t-il pas fait son ascension sur une place publique et en présence de ceux qu'il voulait convertir? comment un Dieu qui vient pour convertir le monde choisit-il précisément les moyens qui peuvent laisser des doutes?

Pilate livra le corps du Christ à Joseph d'Arimathie, qu'il ne savait pas être un disciple secret de Jésus. Joseph d'Arimathie déposa le corps dans son jardin, puis le fit probablement disparaître, parce que, comme les autres disciples, il avait intérêt à faire croire que J.-C. était Dieu, afin de donner une forte sanction à l'Évangile. Saint Mathieu est le seul des quatre Évangélistes qui parle de sentinelles placées près du tombeau : il y a donc trois à parier contre un qu'on n'en mit pas, et d'ailleurs, à quoi bon des gardes, du moment que Pilate eut abandonné le corps à Joseph d'Arimathie?

Jésus-Christ est-il Dieu? La trinité n'est point une révélation de Dieu à Moïse, et le songe de Joseph ne prouve rien. Jésus ne se donne jamais comme l'égal de Dieu; il s'appelle le Fils de l'homme : il vient seulement remplir une mission du Tout-Puissant. Il ne dit pas : Demandez-moi, à moi qui suis Dieu et qui puis tout vous accorder; il dit : Demandez en mon nom à Dieu; et il se trompe, car les trois quarts des prières en son nom ne sont point exaucées; il se trompe encore, et prouve ne point avoir l'infaillibilité divine, quand il annonce que la génération, sa contemporaine, ne passera pas sans avoir vu la fin du monde et le jugement dernier. Il avoue ne pas avoir la prescience, l'attribut essentiel de la Divinité, en disant qu'il ne peut pas indiquer le jour de la fin du monde, et que Dieu seul le sait. Quand on l'appelle « mon bon Maître, » il se fâche et répond : Il n'y a que Dieu de bon, il n'y a que Dieu de maître. Il se cache pour échapper aux persécutions; sur la croix, il prie Dieu de mettre fin à ses souffrances; il annonce qu'un autre Envoyé de la Divinité, encore plus parfait qu'il ne l'est, lui Jésus, que l'esprit de Vérité, viendra donner un nouvel Évangile au monde. Tout cela est d'un homme, et non pas d'un Dieu. Les Jansénistes, âmes d'un rigorisme chrétien, convenaient que la trinité et la divinité de Jésus-Christ ne se trouvent écrites dans aucun passage de l'Évangile.

L'argument principal en faveur des mystères tombe de lui-même ; il consiste à dire : est-ce que vous comprenez tous les phénomènes de la nature physique ? est-ce que vous savez la cause de la grêle, des aurores boréales, des effets magnétiques ? et pourtant vous y croyez ! Sans doute, on ne comprend pas bien encore certains phénomènes de la nature, mais on y croit parce qu'on les voit : est-ce qu'on voit les mystères de la religion ? L'argument fondé sur une telle comparaison n'est donc qu'un sophisme.

Le plus grand nombre des chrétiens ne le sont que de nom, et ne pratiquent pas l'Évangile : il n'y a jamais eu, non-seulement une société chrétienne, mais pas même une seule ville chrétienne. C'est donc une religion impossible, trop contre nature et trop contre les idées et les habitudes sociales. Les moines et les religieuses sont à peu près les seuls qui suivent le christianisme, c'est-à-dire la vie dans la prière, le renoncement et le communisme.

Est-il bien prouvé que saint Pierre soit venu à Rome, et, dans le cas contraire, que devient la base catholique ?

La religion la meilleure pour chacun est celle qu'il suit, et s'il la suit, c'est tout simplement parce qu'il est né dans cette religion, sans que l'examen et la conscience y soient pour rien. Le catholicisme n'est-il pas, comme le paganisme, un polythéisme, c'est-à-dire le culte de plusieurs sous le nom de saints ? n'est-ce pas aux saints que sont consacrées les églises ? les fêtes ne sont-elles pas celles des saints ?

La religion produit quelque bien individuel, mais elle a été le plus souvent un fléau social : elle a mis les divisions, les haines fanatiques et la guerre entre les peuples. Comptez, siècle par siècle, les faits heureux et les faits malheureux qu'elle a produits : les faits malheureux d'oppression, de guerres et de divisions, l'emportent d'une quantité énorme sur les faits heureux de liberté, de paix et de fraternité, parce que le prêtre a toujours dominé la religion, et a été plus qu'elle, et vous n'empêcherez jamais cela. Le plus souvent, elle n'a été entre les mains des prêtres qu'un moyen de domination, d'inquisition, de superstition et d'argent. Les prêtres sont des hommes, et il y aura toujours plus d'inconvénient que d'avantage à mettre à la disposition des hommes un aussi puissant moyen d'oppression.

Les sociétés catholiques sont les plus dégradées et les plus misérables : toutes les fois qu'une nation a voulu être libre, elle a dû rompre avec la religion et avec les prêtres. L'indifférence religieuse a toujours été moins fatale aux peuples que la ferveur religieuse. Quelle moralité, quelle liberté, quel bien-être le catholicisme a-t-il donnés à la France dans sa toute-puissance du moyen âge ? La France a été obligée de faire un 93 pour s'affranchir, et l'Italie ne conquerra sa liberté qu'en rompant avec le pape et avec le catholicisme. Les quelques prêtres démocrates ont été obligés de se rétracter, et sont fort mal vus de tout le reste du clergé.

Les prêtres exploitent l'égoïsme religieux par l'espoir de tout obtenir par la prière, par l'autorisation de commettre des fautes, pourvu qu'on s'en confesse, ou qu'on achète une indulgence, et par la promesse d'une vie de délices au delà du tombeau. On est dévot beaucoup plus par égoïsme que par conscience et sainteté.

La confession est le dogme le plus immoral et le plus dangereux : absoudre les péchés, c'est autoriser à en commettre, à y retomber sans cesse, et l'absolution n'est refusée à personne, pas même aux plus grands criminels condamnés à mourir sur l'échafaud. Le ciel s'ouvre, à la voix du prêtre, aux plus infâmes existences ; il n'est fermé qu'au juste, qui n'a rien à se reprocher, mais qui refuse de se confesser à un autre qu'à Dieu.

C'est à confesse que la plupart des jeunes filles prennent la première idée du mal, par les questions indiscrètes du prêtre. La confession est un moyen inventé par le clergé pour avoir les secrets des familles et pour les dominer ; elle a été le plus terrible auxiliaire de l'inquisition. De deux choses l'une : ou vous remplissez vos devoirs, et alors votre conscience est tranquille et vous n'avez pas besoin d'aller à confesse, ou vous n'êtes pas honnête, et alors il est immoral de vous absoudre continuellement.

Bien loin d'élever le pauvre, cet ami du Christ, ils l'humilient et donnent l'exemple de l'inégalité même dans l'Eglise, en priant longuement et fastueusement pour le riche, en priant peu et mesquinément pour le pauvre.

Combien de gens se dispensent d'avoir la religion du fond parce qu'ils ont la religion de la forme, et obtiennent l'absolution de tous leurs péchés ! Ou la religion est mal enseignée, ou elle est impuissante, car, sur mille enfants qui font leur première communion, il n'y en a pas dix qui changent et qui deviennent obéissants, travailleurs et dévoués à leurs parents.

C'est une faute de livrer aux prêtres son existence, les positions politiques et l'entrée des familles ; ils s'en emparent et ne se croient obligés à garder aucun ménagement, ni même à observer aucune foi humaine, pourvu qu'ils puissent s'appuyer du prétexte de servir la religion. Les ouvriers qui se sont laissé prendre dans les sociétés de saint François-Xavier et autres congrégations, non-seulement ont affaibli le parti démocratique en passant dans le camp ennemi et en formant une scission, mais ils se sont mis dans un centre de corruption, en s'habituant à composer avec leur conscience et à commettre chaque mois des sacrilèges pour de l'argent et pour un secours quelconque.

Dans les familles le prêtre, par ses passions comprimées et par le manque de surveillance des autres, est un grand danger pour la jeune fille sans expérience ; la confession, les confréries ajoutent à ce péril. Il est rare qu'un prêtre introduit dans une famille n'en trouble pas le repos, qu'il ne se pose pas en directeur, en souverain régulateur de toutes choses, qu'il n'y établisse pas une espèce d'inquisition ; et l'on n'ose pas se débarrasser de lui, parce que la vengeance le rendrait très-dangereux. Il met la division dans les familles ; il porte à haïr, à fuir, à maudire comme athée et à déshériter celui qui ne se soumet pas à sa domination.

Le prêtre dit ce qu'il veut dans ses sermons et n'a pas de contradicteurs : ce qui fait qu'il ne convainc presque personne, et qu'on va au sermon, non pour entendre la parole de Dieu, mais la phraséologie éloquente d'un Ravignan ou d'un Lacordaire.

Si les prêtres n'ont pas de foi, c'est la faute de leur position même : celui qui lit le pour et le contre dans les questions métaphysiques sent, malgré lui, dans son cœur surgir le doute ; on n'est pas maître de croire ou de douter, et la preuve, c'est que les prêtres ne veulent pas qu'on lise le pour et le contre. On ne croira jamais à la sincérité de la foi de ministres du Christ ayant palais, équipage, vie somptueuse et se faisant appeler monseigneur. Un pape disait : « Quand le clergé avait des vases de bois, j'avais des prêtres d'or ; depuis que le clergé a des vases d'or, j'ai des prêtres de bois. »

Jamais on n'a pu porter les prêtres à rester sagement dans leurs églises ; ils vont toujours au dehors, se mêlent à tout pour dominer, et, quel que soit le terrain sur lequel on les admet, leur présence seule détruit toute liberté de conscience et d'opposition, car un homme qui dit parler au nom de Dieu fait peur et clot forcément la bouche à ceux qui voudraient être ses contradicteurs ; même dans la distribution des secours des bureaux de bienfaisance, l'institution se trouve, par les prêtres et les religieuses, pervertie et détournée de son but de charité universelle.

La plupart des prêtres sont tirés de la classe la plus ignorante de la société ; il n'y a guère plus que ceux qui ne peuvent pas être autre chose qui se font prêtres, et, parmi les soixante mille de la France, il n'en est pas un seul qui ait fourni une œuvre distinguée à l'immense production littéraire de notre siècle. Ce n'est pas à de telles gens qu'on peut conférer la direction d'une société qui veut être éclairée et libre.

Le christianisme a été chez tous les peuples et dans tous les siècles un terrible moyen d'oppression, en disant : l'homme est fait pour souffrir, et la croix est le symbole de l'humanité ; je suis seul la vérité ; tout ce qui n'est pas pour moi est contre moi, et doit être jeté au feu ; tout prêtre est infaillible parce qu'il parle au nom de Dieu ; César est le représentant de Dieu sur la terre et tient son pouvoir du droit divin, les peuples lui doivent donc une soumission absolue ; la réalisation de la fraternité et de l'égalité n'aura lieu que dans le ciel, et il y aura peu d'élus. Le christianisme, objectent donc les sceptiques, en prêchant la passivité la plus absolue, le sacrifice, le martyre ; en disant : ne résistez pas aux méchants, tendez la joue gauche à celui qui vous donne un soufflet sur la droite, faites du bien à ceux qui vous persécutent, ne peut être qu'un instrument d'oppression. Cette doctrine n'est bonne qu'à faire des esclaves, des pauvres et des fainéants ; elle répugne à la nature et à la dignité humaine, et ne fera jamais de citoyens. D'un autre côté, les communistes s'appuient sur l'Évangile pour arriver à la réalisation de leurs idées spoliatrices. Le christianisme ne peut donc aboutir qu'à ces deux termes sociaux : à l'absolutisme, exploité par les prêtres et par les rois ; au communisme, exploité par la démagogie. Au reste, l'unité chrétienne se brise et se divise à l'infini de plus en plus ; on compte plus de trente néo-christianismes, dont chacun se prétend seul le vrai : c'est là le signe le plus évident de la décadence d'une idée. Il n'est ni prudent ni logique d'établir une nouvelle société sur une base qui se dissout, et une société qui aspire au bien-être, sur la croix de la souffrance et du renoncement.

Telles sont dans le chaos théologique et sceptique, et dans les nombreuses réunions de controverses auxquelles j'ai assisté depuis vingt ans, les questions que j'ai recueillies et groupées pour en faire un corps saisissable et limité sur lequel puissent se porter avec fruit les études de ceux qui veulent rendre raison aux autres et se rendre compte à eux-mêmes de leur foi ou de leur doute.

LA RELIGION HUMANITAIRE.

Voici d'abord les points de départ de ceux qui croient utile une nouvelle religion ; ils vous disent : Lisez à qui vous voudrez les objections des sceptiques et qui sont le contre, puis lisez la réponse qui est le pour, tout esprit consciencieux avouera qu'il lui reste des doutes. Peut-on établir une règle de conduite sur le doute ? Est-ce là un guide bien sûr, et n'est-ce pas la faute même de la religion des prêtres, si tant de gens qui l'avaient la veille, ne l'ont plus le lendemain ?

La diversité des natures et des esprits fera toujours que le mysticisme ne pourra pas s'adapter à tous, que plusieurs se refuseront continuellement à croire d'autorité, sans raisonner et sans comprendre. Vaut-il mieux laisser s'éteindre entièrement le sentiment religieux dans des cœurs qui l'ont encore et les abandonner sans lien moral que de leur offrir un Dieu et une religion qui aillent à leur cœur et à leur esprit ? L'idée religieuse a subi tant de transformations qu'aucune n'est en droit de se dire la seule vraie, et que pas même la dernière venue, le protestantisme, n'est en droit de se dire la dernière à venir.

Il faut à chacun une règle de conduite, un code qui résume et raisonne les devoirs, un lien moral avec ses semblables, et formulé dans une profession de devoirs dont le cœur comprenne et accomplisse toutes les prescriptions sans continuelles compositions de conscience. Si nous conservons quelques âmes à Dieu et au devoir, nous croirons avoir fait une bonne action.

Voici maintenant sur quelles idées serait établie la nouvelle religion ; sa simplicité la rend facile à exposer :

Dans le monde métaphysique, on ne peut avoir des convictions positives ; mais il y a des probabilités résultant d'un aussi grand nombre de preuves pour que contre. Lors donc que le cœur trouve une consolation et un appui moral dans l'une de ces probabilités, il peut la prendre, et si cette croyance a les deux cachets de la divinité, l'éternité et l'universalité, si on la retrouve dans tous les temps et presque partout, il est à croire que c'est plutôt une vérité qu'une superstition.

Trois dogmes réunissent cette condition : l'existence de Dieu, l'immortalité de l'âme et la foi dans la Providence ; ces trois grands dogmes n'ont jamais causé d'intolérance ni de guerres religieuses ; ce sont les dogmes secondaires qui ont produit les luttes. Il est donc sage de s'abstenir de toutes les questions théologiques qui, après avoir été discutées pendant dix-huit siècles, n'ont reçu aucune solution convaincante pour tout le monde, et n'ont servi qu'à mettre la division parmi les hommes.

La loi de Dieu doit être écrite dans tous les cœurs ; la loi de Dieu, c'est donc la morale universelle, le devoir ; le but, c'est le devoir ; les religions ou les philosophies ne sont que les moyens.

Tout le monde doit pouvoir suivre la religion du bon Dieu, la loi divine du devoir : Dieu a donc mis dans tous les cœurs deux flambeaux, deux guides pour se bien conduire : la conscience et la raison. On ne pourrait citer une seule circonstance dans laquelle ces deux conseillers disant : tu fais bien, l'action soit mauvaise.

Le devoir doit avoir une sanction religieuse : il vient de Dieu, et il a sa récompense parfois sur la terre et toujours au ciel. Chaque faute a pour conséquence un châtiment, ou tout au moins des angoisses qui sont sa punition sur la terre, et l'on ne pourrait nommer un criminel qui ait été heureux.

Le devoir envers Dieu consiste à respecter sa loi, à implorer sa providence, et à se résigner aux maux qu'il envoie sans le blasphémer.

Le devoir envers le prochain consiste dans cette maxime des sages : Fais à autrui ce que tu voudrais qu'on te fît.

Le devoir envers soi-même consiste à cultiver son esprit et à moraliser son cœur.

Cette religion a dans chaque famille deux ministres providentiels et naturels : le père et la mère, et, de plus, elle aurait des patriarches élus et non salariés, chargés de présider aux fêtes et à la prière en commun, de rappeler aux hommes la loi de Dieu, de leur parler de leurs devoirs, de se mêler à leurs désordres pour les assoupir, et d'être des intermédiaires de conciliation.

Là, pas de biens de mainmorte, ni de ces vœux éternels et indiscrets faits presque toujours par de jeunes cœurs sans expérience, et dans un désespoir d'amour ; chaîne éternelle sur laquelle on pleure en secret tout le reste de sa vie, et qui fait le désespoir des familles. Là, les prières pour les pauvres auraient la même solennité que celles pour les riches.

Les fêtes religieuses, ce serait la mise en honneur de tout ce qui forme les bases sociales, afin de porter les hommes à ne pas les briser, afin de mettre des idées d'ordre et de conciliation dans l'esprit du peuple ; ce seraient aussi des fêtes nationales destinées à perpétuer les grands souvenirs, à honorer les belles existences, et à rappeler les devoirs des citoyens ; toutes ces fêtes organisées avec une expression qui parle à l'esprit et au cœur, et qui y ravive un sentiment moral ou civique.

<hr>

LA LIBERTÉ RELIGIEUSE.

La liberté religieuse, garantie par l'égalité des cultes, sans religion officielle et salariée ni intervention de l'État, par le maintien de chacun dans sa sphère, et par la liberté de travailler ou de ne pas travailler le dimanche.

La synthèse sociale, le criterium, se compose de trois problèmes : 1° créer des centres moraux libres à une nation qui n'a plus la foi des religions officielles ; 2° établir l'organisation politique la plus favorable pour un peuple déclaré ingouvernable, et un terrain de garantie pour tous, qui fasse arriver, sans danger, un parti quelconque au pouvoir ; 3° créer un milieu social de travail et de bien-être sans spoliation, sans monopole ni concurrence de la part de l'État, et sans atteinte à la liberté et au respect des contrats.

L'égalité des cultes. La liberté de conscience a cette conséquence logique : c'est que personne n'a le droit d'imposer et de forcer à salarier aucune forme de culte, et que l'État doit s'abstenir d'intervenir dans l'exercice des droits de la conscience, tant qu'il ne se passe rien de contraire à la morale. Les anciennes religions elles-mêmes, si elles ont l'intelligence de la situation, doivent désirer qu'on ne puisse pas leur substituer une nouvelle religion officielle. Oui, le problème religieux, c'est de créer des centres moraux à une nation qui n'a plus la foi des religions officielles ; mais la première condition de succès de ces centres de devoir, soit par le sérieux de l'éducation, soit par des expansions attrayantes de la morale, c'est d'être libres et non imposés, car il suffit qu'une chose soit imposée pour que l'esprit se mette en lutte contre elle et la repousse ; telle est même la principale cause qui a fait tomber toutes les religions officielles les unes après les autres, à mesure que s'éclairait la société dans laquelle chacune d'elles s'était imposée.

Le maintien de chacun dans sa sphère. Au sein d'opinions religieuses si divisées, le terme de la conciliation ne peut être que celui-ci : tolérance mutuelle ; que chacun reste dans sa sphère ; qu'on prie les uns pour les autres, et que chaque idée suive sa voie sans troubler les autres dans la leur.

Que les prêtres des anciennes religions restent sagement dans leurs églises, pour remplir leur ministère si précieux de paix et de charité ; c'est à peine si tout leur temps peut suffire à ceux qui ont besoin d'un conseil, d'un secours ou d'une prière. Pour voir d'un œil égal tous ceux qui viennent à eux, ils ne doivent pas se laisser imprégner par les passions politiques. Que le gouvernement cesse de leur faire violence en les appelant à des bénédictions de drapeaux ou à des fêtes patriotiques ; les prêtres sont carlistes, qu'on respecte leur conscience politique, et qu'on se borne tout au plus à leur demander des prières dans leurs églises, mais sans les leur imposer. La religion n'a jamais gagné à se compromettre dans les orages politiques, ni le prêtre à se transformer en homme de parti. Comme l'a très-bien répondu l'abbé Gabriel, de Chaillot, en refusant la candidature à la députation : Le prêtre a une mission plus humble, mais plus utile, et c'est la seule qui lui convienne. L'abbé Lacordaire, en se retirant de l'Assemblée, a aussi reconnu que la politique était inconciliable avec le ministère du prêtre.

De même, dans la sphère de l'enseignement, qu'ont gagné la religion et l'enseignement à ces luttes d'injures et de calomnies que se sont livrées, sous Louis-Philippe, l'Eglise et l'Université? des hommes honorables des deux côtés se sont injustement calomniés, la religion et l'enseignement ont souffert, voilà le résultat. Quant à la fusion des deux contraires, du libre examen et du non libre examen, l'expérience prouve qu'on n'a jamais pu la réaliser, et que c'est en voulant l'opérer qu'on a produit ces chocs si regrettables. Le seul terme de conciliation et de paix est donc celui-ci : que chacun reste sagement sur son terrain, sans chercher à empiéter sur le terrain de l'autre ; que le prêtre enseigne la religion, que le professeur enseigne les sciences et les lettres ; que le prêtre cesse d'appeler athées et libertins de fort honnêtes gens qui ont profondément l'idée de Dieu et du devoir ; qu'il cesse de perdre la carrière et la réputation d'honorables pères de famille, par cela seul qu'ils ne lui sont pas aveuglément soumis ; que, de son côté, le professeur fasse sa classe sans jamais s'occuper de religion avec ses élèves : entière liberté de critique contre les hommes qui ont fait le mal, quel que soit le costume qui cache leurs vices ; mais silence sur les dogmes, et quand des élèves adressent à leur professeur une question théologique, que celui-ci leur réponde : Ce n'est pas mon affaire, consultez votre directeur spirituel.

Aux athées et aux indifférents religieux nous répéterons ce vers de Voltaire :

Si Dieu n'existait pas, il faudrait l'inventer.

C'est-à-dire que pour comprendre l'ordre physique du monde, il faut supposer un régulateur ; c'est-à-dire que pour rendre le devoir efficace, il faut lui donner une sanction religieuse, il faut penser qu'il vient de Dieu, que c'est sa loi éternelle, et qu'une peine répond à la violation, une récompense à l'accomplissement. Nous reconnaissons néanmoins qu'il y a des athées qui sont de fort honnêtes gens ; nous ne nous avilirons jamais jusqu'à jeter l'injure et à refuser toute vertu à un homme, par cela seul qu'il ne pense pas comme nous. La concession que nous demandons à l'athée n'est que de toute justice : c'est de songer que la religion est un frein et une consolation pour bien des cœurs ; c'est de s'abstenir, non de discussion sérieuse, mais de toute grossière raillerie sur un sujet si grave ; c'est de laisser les autres libres d'avoir de la religion, comme on les laisse libres eux-mêmes de ne pas en avoir.

Aux néo-religionnaires nous dirons : Nous vous approuvons de ne pas vouloir perdre l'idée de Dieu et de l'immortalité de l'âme ; à vous aussi la liberté de votre conscience et de vos opinions religieuses, mais à la condition que vous respecterez celles des autres ; qu'au lieu d'attaquer violemment et de calomnier les autres religions posées à côté de vous, et avant vous, votre raison se fera un devoir, le plus souvent, de vous taire sur elles ; parfois, de les examiner et de produire vos doutes, mais avec calme et bonne foi ; puis, d'exposer votre religion nouvelle avec toute la chaleur de conviction qu'elle vous inspire, de la faire aimer par votre moralité, votre dévouement et vos bienfaits, et surtout, dans son intérêt même, de ne pas rêver d'amalgame, de fusion impossible avec les anciennes religions.

Qu'ils se disent religieux, mais non pas chrétiens, les icariens, les fouriéristes, les triadistes, et tant d'hommes du monde qui ne suivent les pratiques religieuses ni les prescriptions d'aucun culte, qui ne croient ni aux révélations, ni aux mystères, ni aux miracles, qui veulent avant tout le bien-être, alors que le christianisme exige le renoncement aux biens de la terre. Le catholique est celui-là seulement qui croit à tout, et qui suit toutes les pratiques et toutes les prescriptions du catholicisme ; le protestant, celui-là seulement qui suit toutes les prescriptions du protestantisme : en dehors de cela, on peut être un déiste profondément religieux et un homme fort vertueux, mais on n'est pas un chrétien. Des positions franches et dessinées, et trève d'hypocrisie. Le *Journal des Débats* a écrit avec raison : « Le christianisme et le socialisme sont les deux antipodes ; l'un est la religion du sacrifice et de l'abnégation, l'autre est l'évangile de la jouissance matérielle et du paradis sur la terre. » *La Presse*, après avoir reconnu que le christianisme comme doctrine sociale est le communisme, ajoute : « Mais il y a entre le christianisme et le communisme des socialistes toute la distance de l'infini : l'un est l'esprit de pénitence, de renoncement et de salut ; l'autre, l'esprit de jouissance, d'ambition et de bonheur en ce monde. » L'*Univers religieux*, lui aussi, conclut par ces paroles : « Il n'y a pas de milieu possible entre le catholicisme et le socialisme ; les transactions les mieux combinées ont pour résultat inévitable de fausser toutes les situations et de prolonger, sans aucun profit, des luttes où nous ne voyons pas de fin. » Tous ces différents organes de l'opinion ont complétement raison ; il n'y a que les christiano-masques qui soient aveugles ou qui se plaisent à mettre les consciences dans le gâchis.

Pour arriver à la tolérance et à la conciliation religieuse, il faut donc comprendre trois choses : la première, c'est qu'il y a trois natures d'esprits : d'abord les esprits mystiques, dont la tendance est de croire surtout au merveilleux, et qui n'éprouvent aucun besoin de raisonner ; les esprits positifs, qui sont tout le contraire, et qui ne croient, comme ils disent, qu'à ce qui leur est démontré par *a* plus *b*, ou tout au moins par la logique humaine ordinaire ; enfin, les esprits mixtes, et ils sont très-nombreux, qui, tout en voulant se rendre compte de leurs croyances et en s'abstenant des pratiques des anciennes religions, dans la crainte de donner dans la superstition, éprouvent cependant le besoin de croire à un Dieu, de faire découler de lui le devoir et de lui rendre un culte : ce sont ces esprits mixtes qui se sentent portés vers une religion nouvelle.

La seconde chose à comprendre, c'est qu'il ne faut plus dire : la religion ou la philosophie est le but ; mais bien, le but, c'est le devoir, la loi éternelle de Dieu ; les religions et les philosophies ne sont que des moyens d'arriver au but, et comme les natures d'esprit sont différentes, tel moyen qui va à l'une ne va pas à l'autre. Quand le but est atteint, ne chicanons pas sur les moyens.

La troisième chose à comprendre, c'est que deux contraires, par exemple, la liberté d'examen et la non-liberté d'examen, ne peuvent jamais se fondre, et quand ils se placent sur le même terrain, bien loin d'opérer une fusion, il n'en est jamais résulté que des chocs. Que chaque idée marche donc parallèlement, sans chercher à empiéter sur le terrain des autres ; que chacun suive sa voie sans troubler les autres dans la leur, et alors, quand le hasard nous réunira un instant, au lieu de nous combattre ou de nous tourner le dos, comme cela se fait aujourd'hui, nous nous donnerons la main pour faire le bien.

La liberté de travailler ou de ne pas travailler le dimanche. En juillet 1845, une discussion s'éleva entre le *Siècle* et la *Presse* au sujet de l'oisiveté du dimanche. J'écrivis à M. Emile Girardin la lettre qu'on va lire ; il la trouva probablement trop positive, trop difficile à réfuter ; la *Démocratie pacifique* fut plus hospitalière, et l'inséra dans son numéro du jeudi 31 juillet. Depuis que M. Girardin est entré dans le parti de la liberté, il est revenu de son erreur, et son article de décembre 1849 a fait amende honorable de celui de 1845. Voici cette lettre :

Qu'est-ce que travailler ? c'est se livrer aux travaux de sa profession. Presque tout le monde travaille le dimanche : l'auteur à ses ouvrages, le peintre à ses tableaux, le musicien à son piano, le député à ses discours, le juge, le conseiller d'Etat ou de la Cour des comptes à leurs rapports, l'avocat à ses plaidoyers, l'ingénieur et l'architecte à leurs plans, le paysan à ses champs, le domestique à sa cuisine ; le notaire reçoit ses clients, l'homme dans les affaires vend ses marchandises et règle ses opérations de la semaine, le colonel passe des revues et fait exécuter de grandes manœuvres, le chef du gouvernement préside le conseil des ministres et donne des audiences, les marguilliers et les curés eux-mêmes s'assemblent pour discuter les intérêts de la fabrique, les ouvriers en chambre confectionnent leurs commandes, de manière que la prohibition ne s'étendrait guère qu'aux ouvriers du bâtiment. Pourquoi les mettrait-on en dehors de l'égalité et de la liberté ? Pourquoi ferait-on une différence entre le peintre d'histoire et le peintre en bâtiments ? On répond que la cessation des travaux du dehors prouve, aux yeux de tous, la domination de la religion et du clergé ; est-ce là une preuve pour ou contre vous ? Mais vous-même, monsieur Girardin, vous travaillez le dimanche à vos articles, et vous faites travailler à votre journal auteurs, compositeurs, imprimeurs, plieuses, porteurs, et vous envoyez votre valet de chambre commander à votre tailleur, à votre bottier ou à votre chapelier, d'avoir à terminer les vêtements sur lesquels vous avez compté pour aller, non pas à l'église, mais à quelque partie de plaisir fort peu chrétienne. Empêchez tout le monde de travailler, ou plutôt n'empêchez personne, et songez que la plupart des gens ont besoin du travail pour vivre et pour être moraux.

Où va l'ouvrier qui ne travaille pas le dimanche ? vous le savez, ce n'est pas à l'église ; c'est au cabaret et dans les lieux de débauche ; l'ouvrier qui fait le lundi est celui qui fait le dimanche ; celui qui revient épuisé par la débauche, qui se réveille tard le lundi, est trop fatigué pour pouvoir travailler. Le lundi est la conséquence du dimanche ; le corps s'use plus vite dans le prétendu repos de la corruption que dans la bienfaisante activité du travail, et l'on est plus souvent malade après un jour d'oisiveté et de plaisir qu'après un jour de travail. Ce n'est pas le soir des jours de travail, c'est le dimanche que l'ouvrier revient aviné, malade, qu'il bat sa femme et ses enfants, brise ses meubles, trouble le repos de ses voisins, et apporte dans sa famille le venin de la corruption !

Vous parlez des sociétés protestantes ; voulez-vous connaître la statistique officielle des dimanches en Angleterre ? voici ce que vous pourrez lire : « On a calculé que l'ivrognerie et les désordres du dimanche tuent annuellement, en Angleterre, cinquante mille hommes ; la moitié des insensés, les deux tiers des pauvres, et les trois quarts des criminels de ce pays se trouvent parmi les gens qui passent le dimanche à boire et à se corrompre. Chaque année on compte en Angleterre quinze mille hommes et dix mille femmes emprisonnés par suite d'ivresse. En Irlande aussi l'ivrognerie est un vice qui fait de déplorables progrès ; le peuple irlandais dépense chaque année, en boissons spiritueuses, six millions de livres sterling (150 millions de francs). Les épiciers vendent des spiritueux en détail, et les femmes trouvent commode de s'enivrer de whiskey, en ayant l'air d'aller acheter ce qui est nécessaire à l'entretien de leurs familles. » Passez-vous aux États-Unis, vous lirez : « L'ivrognerie produit les trois quarts des crimes qui se commettent dans ce pays, et l'on compte chaque année trente-sept mille morts par excès de boissons. »

En présence de ces statistiques, ne vantez plus, croyez-moi, la moralité de l'oisiveté du dimanche dans les sociétés protestantes. La grande aberration sociale du protestantisme, ce n'est pas seulement d'attenter à la liberté de conscience, c'est surtout de ne pas comprendre qu'il faut que la journée soit remplie, et que, là où le travail n'est pas, l'oisiveté se met avec toutes ses vicieuses conséquences ; c'est de ne pas comprendre qu'il faut du plaisir à la vie, que l'homme en prend à tout prix, et que, quand on ne lui offre pas des plaisirs publics, il passe sa journée au milieu des bouteilles, des cartes et des filles de mauvaise vie. Interrogez les maîtres, et la plupart vous répondront comme à moi : L'ouvrier moral est celui qui vient le dimanche jusqu'à deux heures à l'atelier, puis qui va passer sa soirée au spectacle, dans un salon lyrique ou dans un bal de famille. Je connais des ouvriers qui travaillent le dimanche, et qui vont à la messe soit avant de se rendre à l'atelier, soit pendant l'heure du repos.

Il y a cinquante-deux dimanches, plus huit ou dix grandes fêtes. En mettant la journée de l'ouvrier à 4 francs, cela fait d'abord une différence de 240 francs ; ensuite la moyenne en plus que dépense un ouvrier qui passe le dimanche dans la débauche est de 10 francs, ou 600 francs par an ; quatre fois 365 font 1460 francs ; si l'on retranche de cette somme 840 francs, plus les chômages forcés, il ne reste plus le nécessaire pour vivre, même à l'ouvrier gagnant 4 francs. C'est donc entre l'ouvrier qui fait le dimanche et celui qui ne le fait pas une différence de 840 francs, et entre deux ouvriers rangés une différence de 240 francs ; cette somme est quelque chose, elle est beaucoup surtout pour l'ouvrier en famille. Un jour je demandais à un ouvrier pourquoi il avait quitté un grand atelier pour entrer dans un moins important et avec le même salaire quotidien : « C'est qu'on fait le dimanche dans le grand atelier, et je ne pouvais pas arriver à faire vivre ma famille, tandis qu'avec les 200 francs que je gagne en plus en travaillant jusqu'à deux heures le dimanche, je paye mon loyer. »

Si dans tous les pays le dimanche est le jour néfaste de la morale, c'est que l'oisiveté y a été posée en principe, et jamais une journée que touchera l'oisiveté ne présentera un ensemble moral. La conclusion doit donc être celle-ci : ne forcer personne ni à aller ni à ne pas aller à l'église, ni à travailler ni à ne pas travailler le dimanche ; mais offrir à chacun le moyen de mêler la prière au travail, d'unir les deux choses les plus saintes ; tenir sans cesse ouverts et les églises et les lieux de travail, afin de procurer chaque jour à l'homme une sphère de moralité et de bien-être. Le travail est le plus grand bienfait de la Providence ; rien ne prospère et n'est moral que par le travail ; retirez le travail du monde, il n'y aura que stérilité, ennui et désordre ; l'oisiveté est la mère de tous les vices, le travail le père de toutes les vertus ; vous ne le ferez aimer qu'en le présentant ainsi, et une société ne peut être morale et heureuse qu'à la condition de se poser cette règle de conduite : l'homme n'a le droit de prendre du repos et du plaisir que le soir, après avoir travaillé le jour.

La liberté religieuse ne peut donc exister qu'avec les trois garanties de la formule philodéonique.

SITUATION POLITIQUE.

En politique, chacun se déclare l'ami enthousiaste de la liberté, mais n'en veut que pour soi, et aspire dans un intérêt personnel à un despotisme sous une forme ou sous une autre : l'un veut le despotisme clérical et aristocratique, le légitimisme ; l'autre le despotisme de la corruption, la monarchie constitutionnelle ; celui-ci le despotisme militaire, le napoléonisme ; celui-là le despotisme populaire, la démagogie. Le but politique de l'humanité, c'est la République. Mais elle ne peut réaliser sa mission qu'à la condition d'être avant tout une République de principes et de liberté garantie, et non une République d'état de siége et de contradictions : dès que le combat cesse, chacun doit retrouver la loi, et il faut au-dessus des hommes, toujours mobiles et passionnés, quelque chose de supérieur et d'inviolable.

Il y a quatre partis politiques : la monarchie absolue ou le légitimisme, la monarchie constitutionnelle ou l'orléanisme, le régime du sabre et de la police ou le napoléonisme, et le gouvernement par la liberté et le droit de tous ou la République.

LA MONARCHIE ABSOLUE

ou

LE LÉGITIMISME.

Le parti carliste se compose de l'ancienne noblesse, du clergé, et des paysans et gens du peuple sous la dépendance de ces deux classes. Ce que veulent intérieurement et naturellement dans leur intérêt personnel les chefs du parti carliste, c'est l'ancienne monarchie et le retour des privilèges. Tant qu'ils ont disposé en province d'une masse considérable d'existences, ils ont été les plus grands partisans du suffrage universel; ils se sont servis de ce moyen pour écraser avec les masses ignorantes de leurs esclaves de fait les votes éclairés et indépendants, et pour peupler l'Assemblée nationale, les conseils généraux et les conseils municipaux de leurs créatures. Depuis que les campagnes et le suffrage universel tournent au rouge, les carlistes s'aperçoivent qu'ils ont fait fausse route et songent maintenant à se débarrasser du suffrage universel; ils posent enfin leur bannière avec plus de franchise.

M. Berryer a fait à la tribune une déclaration dont voici le sens: Henri V s'abaisserait et se déshonorerait s'il se soumettait à l'élection du suffrage universel. Il tient son titre de roi du droit divin de ses ancêtres. Puis M. de Montalembert, parlant au nom du parti catholique, ajouta: Je me suis trompé en ayant des idées libérales, et j'en demande pardon à Dieu; le catholicisme est un dogme donné par Dieu, et c'est la parole du Christ; son pape et ses prêtres sont constitués par Dieu, il n'est donc point permis de les discuter; on peut être forcé d'accepter et de croire, et l'on n'a droit qu'aux libertés et au bien-être que les papes, les prêtres et les rois, représentants de Dieu sur la terre, jugent à propos de nous accorder. De ces paroles on doit conclure que tout légitimiste et tout catholique se trouvent forcément entraînés dans le courant absolutiste.

Tous ceux qui rêvent un roi, carlistes ou orléanistes, s'ils réfléchissaient avec un peu de lumière et de conscience, comprendraient qu'un roi ne ferait qu'aggraver la situation; d'abord ce serait la guerre civile, et bientôt l'assassinat peut-être du roi, car, si l'on tire rarement sur un président parce que le lendemain il peut être remplacé par un autre, on tire sur un roi parce qu'en lui on tue tout un principe, tout un parti. Le caractère français est changeant, les hommes s'usent vite; la République seule permet de satisfaire sans révolutions ce besoin de l'esprit français. Les légitimistes qui poussent à la République rouge pour arriver à Henri V commettent une grande faute envers eux-mêmes; j'admets que la République rouge déclarerait la guerre à l'Europe et finirait par succomber sous le nombre; j'admets que les étrangers vainqueurs auraient la générosité de ne point se partager la France, et se borneraient à replacer Henri V; mais la république rouge se vengerait de sa défaite sur les propriétés et sur les personnes des royalistes, et Henri V, en arrivant à Paris, ne trouverait probablement que des ruines. D'ailleurs est-ce qu'un roi pourrait empêcher ces grandes causes du mal social qui ne datent pas de la République et qui nous viennent de la monarchie: le budget obéré et en déficit, les carrières encombrées, le petit commerce écrasé, le haut commerce surchargé de billets très au delà des valeurs réelles et déjà fort ébranlé par le jeu sur les actions, l'exportation à peu près nulle, le tiers des propriétés hypothéqué, les fonds des caisses d'épargnes dissipés, le prix de la vie en désaccord avec les ressources du plus grand nombre, voilà le bilan de la monarchie. Ajoutez aujourd'hui, comme surcroît d'embarras, toutes les réclamations du socialisme, et depuis l'insurrection de juin et les dernières élections il n'est plus possible de se faire illusion sur la puissance du socialisme. Que pourrait un roi? il nous donnerait en plus la guerre civile et voilà tout.

Si le parti carliste jouit de peu d'influence et de considération dans les centres civilisés, c'est qu'il manque de franchise, c'est qu'il a abandonné dans son langage son principe tout en le conservant dans son cœur. Le légitimisme peut être un principe s'il se dit l'ancien régime, c'est-à-dire la monarchie absolue appuyée sur le droit divin, sur les deux classes privilégiées de la noblesse et du clergé, n'accordant de bien-être et de liberté au bourgeois et au peuple que quand cela lui convient, et maintenant ces deux classes dans un ordre factice par le sentiment même de leur infériorité, et surtout par le soldat et par la magistrature servile.

Il n'y a que deux principes politiques : l'absolutisme et la liberté. L'absolutisme est un principe politique, une forme de gouvernement en vigueur dans plusieurs états et qui peut être avouée avec conviction. On peut penser consciencieusement qu'il n'est pas possible de gouverner avec la liberté de la presse et avec les autres libertés, et que l'ordre même dans l'atonie vaut mieux que la liberté dans une vie effervescente; que c'est un bonheur pour une nation d'avoir de grandes existences nobiliaires et ecclésiastiques; qu'il ne faut pas donner d'instruction et d'importance au peuple, parce que c'est le pousser à des exigences déraisonnables, et qu'on ne peut le maintenir qu'avec une main de fer politique et théocratique : on peut penser très-consciencieusement tout cela, mais qu'on le dise hautement. Écrire l'histoire à la manière du père Loriquet ou de M. d'Arlincourt, c'est tuer son parti en livrant à une réfutation trop facile des mensonges trop grossiers. Vous avez eu le pouvoir sous tout l'ancien régime, et pendant quinze ans sous le nouveau; pourquoi, au lieu de donner ces libertés pour lesquelles vous manifestez aujourd'hui un amour si passionné, n'en avez-vous donné aucune sous l'ancien régime, et les avez-vous retirées toutes, les unes après les autres, à la France moderne? Pourquoi n'avez-vous fait que louvoyer entre la terreur blanche de 1815 et les ordonnances de 1830?

Que le parti légitimiste cesse sa politique de Protée à trois visages, tantôt blanc, tantôt rouge, tantôt tricolore; qu'au lieu d'aller se traîner à la suite et de chercher pour arriver une planche napoléonienne ou démagogique, il forme un grand parti avec une bannière blanche hautement avouée, et qu'il laisse se rallier à lui librement, sans avoir recours à l'hypocrisie, à la contrainte morale ou au sacrilége.

Les journaux réactionnaires ont parfois de singulières naïvetés; *le Courrier Français* résumait ainsi l'histoire de la noblesse : « Le corps de la noblesse n'est qu'une association de brigands; ce fut du moins son origine, et il n'y a pas de grande famille, les Montmorency, les Latrémouille, les Polignac, les d'Harcourt, les Grammont, les Chabanne et autres, qui n'ait eu un de ses membres décapité, pendu ou roué pour assassinats ou autres brigandages. » *Le Corurier Français* aurait pu compléter le tableau de l'ancien régime par l'esquisse suivante, extraite de cette charte sociale, publiée en 1844, dans laquelle je prédisais la révolution sociale de février, et que j'offrais comme un terrain de transition pacifique; mais je n'ai jamais été compris qu'après que les événements me donnaient raison.

En critiquant ce qui est, écrivais-je, je n'entends nullement porter à regretter ce qui fut. L'ancien régime, c'était la France sans liberté, sans égalité devant la loi, sans moralité, sans bien-être, sans même indépendance nationale : après l'invasion des Normands sont arrivés les Anglais, qui sont restés quatre cents ans sur le sol français; puis sont venus les Espagnols. Sur soixante-dix rois, il n'y en a eu que trois ou quatre vertueux, et pas un seul règne ne s'est passé sans guerre civile, religieuse ou étrangère. Les rois n'assemblaient les états-généraux que suivant leur bon plaisir, et pendant les trois cents dernières années de la monarchie ils ne les convoquèrent même pas du tout; ils exilaient